UNA
VIDA
Apasionada

UNA
VIDA
Apasionada

MIKE BREEN Y WALT KALLESTAD

PATMOS

Una vida apasionada

Publicado por Editorial Patmos
Miami, Florida, EE.UU.

Originalmente publicado en inglés con el título
A Passionate Life, por NexGen®, una división de
Cook Communications Ministries, Colorado Springs, CO 80918
Cook Communications, Paris, Ontario
Kingsway Communications, Eastbourne, England
© 2005 by Mike Breen and Walt Kallestad

Las citas bíblicas utilizadas en este libro han sido tomadas en su mayoría de la versión Reina Valera Revisada, 1960, de las Sociedades Bíblicas Unidas.
Las citas bíblicas marcadas con la sigla NVI han sido tomadas de la Nueva Versión Internacional 1,999 de la Sociedad Bíblica Internacional.
Cuando se utiliza otra versión, se le identifica inmediatamente después del pasaje citado.

Traducido al español por Marisoly Álvarez-Scarpitta

ISBN:1-58802-266-8

Categoría: Vida Cristiana / Ministerio

Este libro es dedicado a Harry y Beckie Butler. Sin su amistad y apoyo, muchas cosas nunca se hubieran logrado.

— Mike

Este libro es dedicado a mi primera nieta, Sevannah Joy Cole y a futuras generaciones para que puedan experimentar una vida apasionada con Jesucristo.

— Walt

AGRADECIMIENTOS

*L*ifeShapes no es tanto una enseñanza como un testimonio en "Una vida apasionada". Reconozco esto mencionando a algunas de las estrellas de la obra, como Kallestad, Paddy Mallon y Paul Maconochie. Quisiera aquí también reconocer el papel de los menos visibles. Primero a Bob y Mary Hopkins (previamente reconocidos sólo parcialmente) quienes han servido incansablemente y ayudado a impulsar la misión de LifeShapes a lo largo de los años. Nos ayudaron especialmente en la formulación del Triángulo y en el desarrollo de la estrategia de evangelismo del Octágono. Quisiera agradecer también a Ken Blanchard, cuyas enseñanzas iniciales sobre las cuatro fases del liderazgo fueron parcialmente responsables del desarrollo del Cuadrado. Otros como John y Liz Lovell, Andrew y Margaret Wooding-Jones, y Tim y Alisa Phenna también merecen un reconocimiento por su contribución a este testimonio. Otros más de los "menos importantes" han tenido una profunda influencia sobre mí y mi familia: los miembros de las congregaciones en las cuales hemos servido, representadas por los Willeys, Val, los Moodys, los Stones, y los Williams. Todas estas personas son parte de esta obra y el Señor conoce el papel que han tenido en ella, y estoy seguro que recompensará su servicio.

Finalmente, a Susan y Joannah, quisiera darles muchísimas gracias por su ayuda en la preparación del manuscrito de *Una vida apasionada*.

— Mike Breen

AGRADECIMENTOS

*M*uchísimas, muchísimas gracias al equipo de Cook Communications (un equipo de campeones). Gracias a Mike Breen y a su increíble equipo.

Gracias a toda mi familia, amigos y compañeros quienes viven la vida apasionada conmigo. Los amo a todos.

—Walt Kallestad

ÍNDICE

Conozca a los Autores

*E*l pastor Walt Kallestad había invertido más de veinte años en transformar la iglesia Community Churc of Joy en Phoenix, Arizona, en una asamblea de doce mil amistosos buscadores cuando su corazón casi le falló. En enero de 2002 Walt sufrió un ataque masivo al corazón; sólo una cirugía de bypass de seis arterias coronarias y la gracia de Dios evitaron que fuera a su hogar en el cielo a una edad relativamente joven.

El trauma físico obligó a Walt a tomar un año sabático. Durante este tiempo hizo una seria evaluación del estado de su iglesia y de la dirección en la cual se estaba moviendo, y si debería seguir dirigiéndola. Buscó el consejo de pastores de todo el país. Finalmente, un amigo de confianza forzó gentilmente a Walt a reconocer que su gran rebaño había perdido su carácter comunitario, su autenticidad, su pasión. Además, ¿quién desearía tomar la gigantesca responsabilidad de dirigir una megaiglesia cuando podía unirse a la era breve del ministerio moderno? ¿Y cómo dejaría esto a la iglesia Community Church of Joy? La búsqueda de Walt tomó una nueva dirección: el extranjero.

El pastor Mike Breen, rector y líder del equipo de la iglesia de Saint Thomas (una iglesia anglicana-bautista) en Sheffield, Inglaterra, ha levantado una de las iglesias más grandes en Inglaterra con más de dos mil asistentes semanales, 70 por ciento de los cuales son menores de 35 años.

Uno de los colegas de Walt le sugirió visitar la iglesia de Saint Thomas en Sheffield, Inglaterra. Una visita a Saint Thomas dejó a Walt maravillado de la profundidad del crecimiento espiritual y auténtico sentido de comunidad que percibió entre la gente. Una conversación con Mike Breen le dejó intrigado con un nuevo concepto y aproximación a la enseñanza y el discipulado: LifeShapes. [**Nota de los editores**: La frase en inglés es compuesta de dos palabras, *life,* que es vida, y *shapes,* que puede ser "formas" cuando se emplea como sustantivo, y "formar", cuando se emplea como verbo. El concepto se presenta por medio de formas geométricas, pero la idea es también que el discipulado es la formación de vidas. Para los propósitos de esta traducción, mantendremos la frase LifeShapes.]

Mike pasó casi una década desarrollando esta herramienta educativa visualmente orientada. LifeShapes ha probado ciertamente su efectividad entre los miembros de esta gran congregación de veinteañeros y treintañeros. No sólo les ayudaba a entender los principios bíblicos a un nivel más profundo, sino también a aplicar estos principios a sus vidas. La iglesia Saint Thomas se había transformado en una iglesia con una gran pasión por conocer a Cristo y hacerle conocer.

Mike y Walt hicieron una conexión en aquella conversación. Aquel momento probó ser uno de esos que son determinantes en la vida… un momento *kairos.* Dios se hizo presente en las circunstancias de estos dos hombres y juntó los cabos sueltos de sus mundos. Mike, creador de LifeShapes, junto con su esposa Sally y sus tres hijos, se mudó recientemente a los Estados Unidos para enseñar en el Seminario Teológico Fuller en Pasadera, California, servir en el equipo de la iglesia de Walt en Glendale, Arizona, y viajar por todo el país para hablar sobre LifeShapes. Ahora, como miembro del equipo de la iglesia Community Church of Joy, Mike está enseñando los principios de LifeShapes y ayudando a la iglesia a reflejar una vez más el fundamento de su nombre: comunidad.

INTRODUCCIÓN

*A*hhh! La bañera caliente. ¿Qué podría ser mejor? En aquel momento la membresía del club de salud de la familia Breen parecía ser una buena inversión. Mi esposa Sally y nuestros tres hijos —Rebecca, Elizabeth y Sam— disfrutaban todos los típicos instrumentos de tortura, como las pesas y la caminadora. Pero la bañera caliente era el lugar para mí cuando vivíamos en Sheffield, Inglaterra.

Una semana, mientras me encontraba relajando en la bañera caliente, mis hijas se me acercaron y me preguntaron si ya había probado la ducha de sol.

"Ni siquiera sé lo que es una ducha de sol", admití, "¿Qué es eso?" ¿En realidad quería saberlo?

Mis hijas señalaron: "Es aquel tubo blanco arriba de la piscina. Te paras en él y te bronceas y también te refrescas totalmente. Es como estar en las playas de Carolina del Sur".

En lo que se refería a la familia Breen, las playas de Carolina del Sur eran la cosa más cercana a la perfección que se podría encontrar en la tierra. Con la entusiasta garantía de mis hijas de que me encantaría, acepté probar la ducha.

"¿Cuánto cuesta el uso de la ducha?", pregunté.

"Una libra por tres minutos".

Hurgué por una moneda de una libra y me dirigí a la ducha de sol. La puerta se abrió mostrando una habitación del tamaño de un closet pequeño. Como no se veía peligroso, entré y cerré la puerta. Sin estar seguro en realidad de lo que estaba haciendo, me aseguré de leer claramente las instrucciones que estaban en la pared. Siguiéndolas cuidadosamente, me coloqué las gafas protectoras que estaban allí y cerré mis ojos fuertemente. Nada pasó.

Por supuesto. La moneda de una libra.

Abrí mis ojos, me quité las gafas, coloqué la moneda en la ranura, me volví a colocar las gafas y esperé. Nada. Bueno, escuché un zumbido y unos cuantos chirridos, pero no sentí nada. No había manera de que esto se pareciera a las playas de Carolina del Sur.

Cuando se terminaron los tres minutos, el zumbido cesó y salí de allí.

"¿Qué te pareció?", me preguntaron mis hijas.

Ellas se veían tan entusiasmadas. Claramente pensaban que la ducha de sol era una fantástica idea. ¿Cómo podría desanimarlas? Pero tenía que ser honesto.

"Bueno", les dije, "Creo que no lo entiendo. Quiero decir, estuvo bien, pero quizás les guste más otra cosa".

Elizabeth y Rebecca se desilusionaron profundamente. Habían deseado mucho compartir conmigo esta experiencia, y yo no la había disfrutado. Francamente, pensé que todo el asunto era más bien extraño, pero no dije nada al respecto.

La siguiente semana regresamos al club de salud. Rebecca y Elizabeth vinieron a mí con renovado fervor.

"Papá", me dijeron, "esta vez prueba por seis minutos. Quizás tres minutos no son suficientes para que comiences a sentir los efectos. Prueba por seis minutos, ¿sí?"

Comencé a decirles lo tonta que era la dichosa ducha de sol, y entonces comenzaron a mirarme de aquella forma. Ya sabe. Aquella mirada a la cual ningún padre se puede resistir.

Así que regresé al tubo blanco. Entré en la habitación, cerré la puerta, leí las instrucciones, me coloqué las gafas y cerré los ojos. Nada.

Cierto. Las monedas. Me quité las gafas, introduje las monedas, me coloqué de nuevo las gafas. Cerré los ojos otra vez y esperé. Seis minutos es mucho tiempo cuando se está de pie en una cabina cerrada con los ojos cerrados, escuchando zumbidos y chirridos. Cuando terminó, me quité las gafas y las colgué de nuevo en el gancho y salí.

Elizabeth y Rebecca esperaban ansiosas por mí. "¿Qué te pareció esta vez, papá? ¿Sentiste los efectos esta vez?"

Miré a los rostros expectantes de mis hijas. "Creo que esto en realidad no es para mí".

Mis hijas pensaron que era completamente tonto.

"Esto es algo para que lo disfruten ustedes y sus amigos", les dije. "Quizás soy demasiado viejo para aprovechar todos los beneficios de esto".

Una cosa que tengo que decir a favor de mis hijos es que no se rinden fácilmente. Para la siguiente semana estaban listas para intentarlo de nuevo.

"Papá, trata esta vez por nueve minutos. De verdad te va a encantar si le das el tiempo suficiente. Nueve minutos serán suficientes. ¡Anda, sí!"

Miré a Sally buscando apoyo pero ella sólo me miró como diciendo "Tú te metiste solo en esto, ahora ve a ver cómo sales". Así que fui por tercera vez a la ducha de sol. Entré en la cabina, cerré la puerta y leí las instrucciones claramente por tercera vez. No habían cambiado una sola palabra. Me coloqué las gafas y cerré los ojos.

Suspiro. Las monedas.

Me quité las gafas, introduje las monedas, me coloqué las gafas, cerré los ojos. Déjeme decirle que si seis minutos son mucho tiempo, nueve minutos es un tiempo todavía más largo para estar en un closet a oscuras escuchando chirridos y zumbidos. Así que en un momento abrí los ojos, sólo para darme cuenta de que podía ver bien a través de las gafas. Mirando alrededor, me pregunté si obtendría más que un bronceado si me acercaba a la ventana.

Luego vi sobre la pared algunas cosas que lucían como ganchos para colgar abrigos. Mmmm. Pensé que tal vez estaba allí para reflejar los rayos. Estar parado allí por nueve minutos no era más interesante que mantener mis ojos cerrados por nueve minutos, así que comencé a caminar alrededor.

Vi una manilla. ¿Qué hacia allí? Giré la manilla y la puerta se abrió dando paso a una habitación con los rayos de luz y la simulación de brisa oceánica más refrescantes que jamás me hubiera imaginado.

Por tres semanas había estado parado en el vestidor.

Todo este tiempo había pensado que había tenido la experiencia que se suponía debe tener. Había tratado de emular sensaciones de refrescamiento, pero sabía que estas no eran reales. Por mucho que trataba, simplemente no lo conseguía. Finalmente logré experimentar el hecho real.

¿ES su experiencia con Jesús como esto? ¿Ha estado alguna vez parado en el vestidor por semanas o meses, incluso años, preguntándose qué es lo grandioso de ser cristiano? Usted ve a otros en la iglesia o en su grupo pequeño hablar sobre lo maravilloso que es conocer a Jesús –conocerlo realmente como usted conoce a su mejor amigo— y usted anhela tener esa misma experiencia. Incluso puede ser que ya haya tratado de hacer una buena demostración, diciendo a sus amigos lo mucho que Jesús significa para usted aunque no sea cierto. Quizás asiste a la iglesia cada semana, pero sale vacío y pensando que es una gran perdida de tiempo. Sin embargo, otros salen refrescados, así que continua yendo y colocando su dinero en la ranura de monedas, mientras cuenta a sus amigos sobre los sentimientos estimulantes que usted también tiene. Pero usted sabe que no es así.

Jesús no nos habría invitado a ser sus amigos si no lo deseara en verdad. No nos habría pedido que lo siguiéramos si no estuviéramos destinados a ver hacia donde va él. Esto es lo que te estamos invitando a hacer: caminar con Jesús. Suena sencillo, ¿no es así? Es simple, pero no es sencillo. Podemos ayudarte a desarrollar un entendimiento más profundo de lo que significa caminar con Jesús, ser su seguidor, su discípulo, de una manera en que puedas recordar y aplicar lo aprendido en cada situación y relación en tu vida.

¿Qué estas esperando entonces? Ven, abre la puerta. ¡Deja el recinto de la vacuidad espiritual y camina hacia la luz de una vida apasionada!

Capítulo 1

¿Esto es todo lo que hay?

*T*rabajamos todo el día, alimentamos a los niños, limpiamos el baño, vamos a la iglesia; luego volvemos a trabajar todo el día, alimentamos de nuevo a los niños, vamos a la práctica del coro, nos enteramos de los últimos acontecimientos, vamos a la tienda de comestibles, lavamos la ropa, y alimentamos otra vez a los niños. Ya sabe de lo que estoy hablando. Antes de que nos demos de cuenta, los años se han ido y nos preguntamos qué ha sido de nuestras vidas.

¿Hemos hecho lo que pensamos que haríamos para este momento?

¿Nos hemos convertido en la persona que pensamos que seríamos para este momento?

¿Nos hemos sentado a los pies de Jesús tanto como queríamos?

No es difícil permitir que las responsabilidades y los roles moldeen nuestras vidas. Usted es un padre o una madre. Usted es un profesor, un carpintero o un corredor de bolsa. Usted es una madre o un padre soltero. Usted cuida de una madre o un padre anciano. Usted tiene dos trabajos para pagar sus cuentas médicas. Usted forma parte de tres ministe-

> El mundo está lleno de caminantes cansados. Pero esta no es la vida que Jesús nos llamó a vivir.

rios en su iglesia y ahora le han pedido formar parte de la directiva también. Y usted es humano, por lo que se cansa de todo esto! Muy pronto, incluso aquellas cosas que más le importan profundamente lo agotan y necesita un descanso.

El mundo está lleno de caminantes cansados. Pero esta no es la vida que Jesús nos llamó a vivir. En Mateo 11:28 y 29, Jesús dice: "Vengan a mí todos ustedes que están cansados y agobiados... Carguen con mi yugo y aprendan de mí...".

Jesús nos quiere mostrar una mejor forma de vivir. Cuando le seguimos a donde él nos conduce, cosas maravillosas suceden. Qué ricas y satisfactorias son nuestras vidas cuando dejamos que Jesús las moldee.

SER, NO HACER

En cualquier ciudad de los Estados Unidos podemos escoger entre docenas, quizás cientos, de iglesias que predican el mensaje de Jesús y su reino. En estas iglesias podemos unirnos a grupos pequeños, grupos de células, centros familiares, etc. Incluso sin dejar nuestras casas, podemos ver programas de televisión cristianos o escuchar a predicadores en la radio exhortándonos y animándonos. Hacemos nuestras tareas o ejercicios para la adoración musical en nuestros *MP3 players* del tamaño de una goma de mascar.

Y luego están los libros. Miles de ellos. Cada año miles de nuevos libros cristianos se unen a los decenas de miles de libros ya existentes en las estanterías. Estos libros nos dicen cómo ser un estudiante cristiano, un maestro cristiano, un padre cristiano, un periodista cristiano, un cónyuge cristiano los libros nos dicen cómo orar, cómo cantar, cómo pensar, cómo hablar como cristianos. Algunos libros incluso afirman poder decirnos lo que Dios quiere que hagamos.

Suficiente.

Este no es un libro de esos.

Este no es un libro sobre cómo *hacer* discipulado.

Este es un libro sobre cómo *ser* discípulos. Este es un libro que nos ayuda a ver a Jesús. Este es un libro que nos ayuda a ver hacia donde se dirige Jesús. Este es un libro que nos ayuda a seguir a Jesús a donde él nos lleve.

Jesús El Radical

Jesús fue un radical. Él no encajaba dentro del molde prefabricado de Mesías que la cultura judía había preparado. Él no ofreció apoyar a la comunidad religiosa establecida. No mostró interés alguno en ejercer influencia sobre la política de aquella época. Jesús fue un radical desde que tenía 12 años y se atrevió a participar en los asuntos de su Padre preguntando y enseñando a los rabinos en el templo (Lucas 2:46-49).

En su estilo revolucionario, Jesús habló de un reino donde Dios gobernaba como rey. Jesús irrumpió en la historia como una verdadera marca en el tiempo, murió en una cruz verdadera y dejó atrás una tumba verdadera vacía. Esto no fue un último esfuerzo de parte de Dios para salvar al mundo de su trágico destino. Este fue su plan para traer su reino a la tierra. La cruz y la resurrección cambiaron la historia; ahora señalamos hacia el cielo.

Ahora viene la parte maravillosa: ¡podemos vivir en este reino ahora mismo! El reino de Dios no es algo lejano y distante, perteneciente al futuro. No es un estado mental. No es algo que anhelar o con lo cual soñar. ¡Nosotros estamos en él! El reino de Dios es un lugar real en el que podemos caminar, trabajar y tener relaciones.

Y hay todavía otra cosa maravillosa sobre el anuncio de Jesús del reino. El rey quiere vivir con nosotros.

El discipulado es vivir en el reino con el rey como nuestro guía. Esto es lo que significa ser un seguidor de Jesús. No tenemos mayor llamado que este.

El gobernante del reino ha venido a nosotros. Él vive en nuestro vecindario. Nos invita a caminar con él, a trabajar con él, a sentarnos a su mesa con él. Si aceptamos su invitación, él nos dice que podemos vivir con él para siempre en su reino, comenzando hoy mismo.

La esencia de ser un discípulo es pasar tiempo con el Maestro mismo. Caminar, trabajar y comer con Jesús no tiene que ver con reglas y normas. No tiene que ver con cuántas veces al mes usted va a la iglesia, o cuántos versículos lee diariamente en su Biblia, o cuánto de sus ingresos da a la iglesia. Dios quiere que hagamos todas estas cosas, pero no por las mismas razones que los fariseos las hacían. Él quiere nuestros corazones.

¿Qué Camino Tomará?

Seguir a Jesús no es un trabajo de medio tiempo. Requiere un compromiso completo. Requiere luchar contra la corriente de lo que es popular. Jesús no puede ser engañado, él desea todo lo que usted tiene.

En las secuelas del tsunami que devastó Asia en diciembre de 2004, surgieron increíbles historias de sobrevivientes. Muchas personas cuentan haber sido sumergidos tan rápidamente en las aguas agitadas llenas de escombros que no sabían si su lucha por la sobrevivencia los llevaba a la superficie o si los hundía más en las profundidades del mar. Los sobrevivientes fueron aquellos que pudieron encontrar la manera de llegar a la superficie.

Cuando se lucha contra la corriente, es importante saber hacia donde queda la superficie. Vivimos en una época de cambios sísmicos en nuestra cultura, cambios que nos han dejado desorientados en nuestro viaje espiritual a medida que luchamos contra la corriente. Pero Jesús conoce el camino. Jesús es nuestra brújula infalible.

Le invitamos a caminar con nosotros en una vida íntima y apasionada como seguidor de Jesús en el reino de Dios. Le mostraremos cómo hacer esto de manera práctica y diaria. No existen fórmulas mágicas o programas de diez pasos en ello. De hecho, podrá encontrar todo lo que vamos a compartir con usted en su propia Biblia. Veremos lo que Jesús hizo al enseñar a sus seguidores hace dos mil años, y luego algunas sugerencias sobre cómo hacer lo mismo hoy en día.

CAPÍTULO 2

UNA BÚSQUEDA APASIONADA

*A*lguien dice "sal". Usted piensa "pimienta". Alguien dice "caliente" y usted piensa, "frío". Algunas asociaciones entre palabras y conceptos son automáticas. No podemos evitar lo que pensamos. Por otro lado, algunas asociaciones son aprendidas, y aunque parecen automáticas e inconscientes, *podemos* cambiarlas.

Trate lo siguiente. Qué palabra viene a su mente cuando lee la siguiente lista:

- Ir a la iglesia
- Estudiar la Biblia
- Orar
- Dar dinero a la iglesia
- Evitar los placeres mundanos

¿Pensó en la palabra "cristiano"? Nada del otro mundo. Si es esto en lo que consiste ser un cristiano, entonces muchas otras opciones lucirán más atractivas. Quizás utilice estas frases si alguien le pide que describa a un "discípulo". Si es así, usted está entre las miles de personas que se consideran a sí mismos religiosos, incluyendo a los fariseos de los días de Jesús que se irritaron tanto con él y sus enseñanzas.

Los fariseos conocían bien su religión. Sabían en lo que creían. Sabían que tenían que hacer y que no. La palabra *fariseo* significa "los separados", así que eso era lo que hacían. Se separaron a sí mismos de toda influencia impía. Estos líderes religiosos estaban tan preocupados por mantener la ley de Dios que inventaron una infinidad de leyes y prácticas adicionales que aseguraran que estaban manteniendo la ley de Dios.

Ser un fariseo era mucho trabajo. Esto, sin embargo, no era lo que Jesús tenía en mente para sus seguidores.

Jesús invitaba a la gente a seguirle. No insistía en el lavado ceremonial de las manos antes de que la gente se sentara a comer. No le importaba si sus seguidores caminaban por un campo de trigo el día de reposo y rompían algunas espigas para comer. No estaba atado a prácticas religiosas. Siempre pasaba el tiempo –incluso comía- con el peor tipo de gente. ¿Cómo podía ser esto un camino a Dios? Los fariseos se enfurecieron llenos de indignación y celos.

¿SUPER CRISTIANOS?

Muchos de nosotros pensamos que la palabra "discípulo" significa "súper cristiano" (alguien que es más dedicado a las cosas espirituales que el cristiano promedio) y que el discipulado es para los nuevos o casi nuevos creyentes, para que aprendan a lucir, hablar y comportarse con el resto de nosotros. Elimine esta idea de su cabeza. Esto era exactamente lo que los fariseos estaban haciendo en los tiempos de Jesús. En medio del cambiante paisaje espiritual de la cultura actual, nadie desea ser un "súper cristiano", nadie ni siquiera desea conocer a un "súper cristiano".

Demasiados de nosotros hemos crecido en hogares rotos.

Demasiados de nosotros hemos sido desorientados por tragedias en nuestras vidas.

Demasiados de nosotros hemos perdido la fe en las instituciones culturales, incluyendo a la iglesia.

Demasiados de nosotros nos hemos preguntado si realmente alguien se preocupa por nosotros.

No existe tal cosa como un "súper cristiano". Son tan falsos como los fariseos, y todos hemos sido alguna vez heridos por personas que llevan esta etiqueta. Lo que anhelamos es relacionarnos con personas que no sean brillantes y hermosas sólo en el exterior, sino que sean reales y auténticas en la vida que Dios les ha dado, tan confusa como esta pueda ser.

Hasta la década de los '90s, los programas familiares dominaban la programación de televisión norteamericana, donde mamá y papá trabajaban juntos para proveer un refugio seguro para sus hijos. Desde principios de la década de los '90s, estos programas fueron reemplazados por otros que reflejaban la vida real. "Friends" fue el número durante los noventas. "Seinfield"presentaba a un grupo de personas muy diferentes entre sí unidas no por nexos de sangre, sino por lealtad. Los cambios en nuestra cultura han cambiado la manera en que definimos comunidad. Sí, comunidad es aun lo que deseamos encontrar. Si ya no tenemos una familia tradicional a la cual "anhelar", ¿entonces a dónde podemos pertenecer?

> La maquinaria megapublicitaria de nuestra cultura gasta millones para decirnos lo que podemos ser, si tan sólo compramos sus productos.

La maquinaria megapublicitaria de nuestra cultura gasta millones para decirnos lo que podemos ser, si tan sólo compramos sus productos. La gente joven encuentra su identidad en las letras de las canciones en los diálogos de las películas, en MTV, en la marcas de zapatos y de ropa, en los teléfonos celulares y en el servicio inalámbrico de internet. Cuando tienen un poco más de edad, buscan una casa que refleje la imagen que desean proyectar y un constante y creciente fondo con la justa proporción de fondos mutuales.

Con todo el mundo diciéndonos quién se supone que somos, ¿es acaso de extrañar que estemos confusos acerca de quién deseamos ser y cómo deseamos relacionarnos con las demás personas?

No Me Lo Diga, Muéstremelo

Cuando Jesús caminaba por las calles de Galilea, usaba palabras para enseñar a sus alumnos: parábolas, sermones, oraciones. Los primeros discípulos pasaron estas palabras a la próxima generación de discípulos, y a la siguiente. Cuando los escritores de los evangelios finalmente registraron las palabras y vida de Jesús varias décadas después de su muerte, gran cantidad de seguidores habían escuchado las palabras a medida que eran repetidas públicamente. El apóstol Pablo y otros autores del Nuevo Testamento compartieron sus corazones y visión en cartas —palabras— que fueron también pasadas de una iglesia a otra. La gente aprende las Escrituras al oírlas y memorizarlas.

Desde la invención de la imprenta —y más recientemente, internet— ya no tenemos que recordar algo que oímos. Sólo tenemos que ver de nuevo la información cada vez que la necesitamos. Nuestros avances en tecnología han llegado a costa de nuestra habilidad para guardar y recuperar grandes cantidades de información usando sólo nuestras mentes. Pero cuando la información está unida a símbolos y figuras, nuestra habilidad para recordar principios y conceptos se multiplica.

Vivimos en una sociedad crecientemente visual. Los niños pequeños reconocen logotipos comerciales mucho antes de que aprendan a diferenciar las letras que forman los nombres de sus lugares favoritos. Saben que están en un *McDonald's* cuando ven los arcos dorados. Los adolescentes se visten y arreglan el pelo —para consternación de sus padres— sólo porque quieren estar "a la moda". Las revistas de todas las edades tienen un lado visual porque la información por sí sola no es suficiente para mantener la atención de los lectores. Algunos grandes libros se han llevado al cine (con no muy grandes resultados algunas veces), y muchos adultos concordarían rápidamente en que preferirían ver la película que leer el libro. Los juegos familiares durante los largos viajes por tierra han sido reemplazados por tocadores de *DVD* que bajan del techo o salen de la parte trasera del asiento delantero del carro.

Cuando observa la siguiente figura, ¿qué es lo que ve?

Correcto. Es Mickey Mouse. Ahora bien, ¿qué pensamientos trae a su mente esta imagen? ¿Una vacación reciente a Disneyland o Disney World? ¿Su película favorita de Disney? Quizás piense en algunos de los personajes que Walt Disney hizo que nos gustaran, como Goofy, el pato Donald o Pluto. O quizás vinieron a su mente los más modernos Sirenita, Nemo o Buzz y Woody.

¿No es increíble lo mucho que se puede recordar y comentar con tan sólo ver dos círculos pequeños interceptados por un círculo mayor?

¿POR QUÉ LIFESHAPES?

LifeShapes aprovecha nuestra tendencia a recordar más lo que vemos que lo que oímos. Estos ocho aspectos de la vida del reino son suficientemente fáciles de mostrar usando figuras simples, y suficientemente profundas como para no alcanzar el aprendizaje definitivo de ninguno de ellos.

LifeShapes no es una forma de enseñar y aplicar miles de principios bíblicos, ni siquiera docenas de ellos. Por el contrario, nos enfocamos un unos pocos conceptos claves que harán de usted un aprendiz toda la vida. LifeShapes es una herramienta que le permitirá atravesar la mugre de este cambiante paisaje espiritual y volver a Jesús para que pueda seguirlo en medio de estos tiempos de cambio sísmico. Esto significa que irá más allá de tener mera información sobre Jesús y aprenderá de él, se comprometerá con él a un nivel nuevo, y sabrá lo que él realmente tenía en mente cuando entrenó a sus primeros discípulos. Cuando usted tenga este marco de la verdad, podría incluir principios bíblicos en su vida y crecer junto con otros discípulos en una auténtica comunidad.

Creí en un hogar cristiano y tuve un papel activo en mi iglesia. Pero cuando comencé mis estudios universitarios en otra parte del país, las presiones por integrarme cobraron su precio en mi vida. Raramente iba a la iglesia o a cualquier grupo cristiano y pronto perdí de vista los valores por los cuales antes me regía. No pasó mucho tiempo antes de que mi estilo de vida fuera completamente diferente al que una vez tuve.

Mi momento *kairos* sucedió cuando estuve gravemente enferma. Yacía en cama, pensando en cómo se suponía iba a cambiar la dirección de mi vida, sabía que necesitaría alguien con quien hablar. Así que comencé una larga discusión con mi amiga y mentora Rachel. A medida que hablábamos, hicimos un plan para el futuro. Sabía que quería enderezar mi vida pero también sabía que sería difícil. Necesitaba hacer muchos cambios en mi forma de vida y Rachel me ayudaría a lo largo de estos cambios. Reconocí que la falta de compromiso era un punto de debilidad en mí. Ahora, teniendo en cuenta el compromiso, sentía que podía tomar algunos pasos reales hacia el cambio. No pasó mucho tiempo para que volviera a estar bien. El proceso del Círculo continuaría aún. Mi evento *kairos* me llevó a una relación renovada con Dios y fue a través del compromiso y la relación como finalmente entendí cómo había terminando en donde estaba y planificar de manera efectiva para el futuro.

—*CHLOE*

APRENDIENDO DEL MAESTRO

Jesús no quiso que sus principios de la vida en el reino fueran teóricos. ¡Él quiso que viviéramos según ellos! Las ocho figuras de LifeShapes nos ayudan a conectar los puntos entre los principios del reino de Jesús y vivir nuestra vida diaria de manera que lo honre. Estas figuras forman una imagen clara a través de la cual podemos entender mejor lo que Dios intenta hacer en nuestras vidas, en la iglesia y en el mundo. Estos conceptos pueden modelar nuestras vidas si así lo deseamos.

Elegir aprender de la vida

Vivir al ritmo de la vida

Balancear las relaciones de la vida

Definir las prioridades de la vida

Conocer su rol en la vida

La oración como forma de vida

Practicar los principios de una vida vital

Vivir una vida con propósito

Con estos principios, puede abandonar el mundo de los caminantes agotados y tener una vida llena de propósito y pasión, y enseñar a otros a hacer lo mismo.

Este tipo de discipulado levantará algunas cejas. Jesús no temía al escándalo. No le preocupaba lo que la moralidad pública dictara mientras estaba con corazones genuinamente orientados hacia Dios. Cuando caminamos sobre sus huellas, emergen emociones poderosas, sentimientos intensos, convicciones sobre lo que es el auténtico discipulado. Experiencias modeladoras de vida. Una vida apasionada.

Capítulo 3

Tiempo de Decidir

*H*a sentido alguna vez que los eventos de su vida están más allá de su control? ¿Cómo si esta vida *le* estuviera sucediendo a usted mientras se mantiene al margen pasivamente? La vida es un reto. Cada día recibimos 1.440 nuevos momentos en el tiempo. Lo que sucede en muchos de esos momentos puede estar más allá de *nuestro* control, pero no más allá de *su* control. Son estos precisos momentos los que forman la suma de nuestras vidas y determinan si sentimos como si estuviéramos viviendo una vida de relevancia o irrelevancia.

Como seguidor y amigo de Jesús, usted desea que su vida sea importante —que tenga n propósito y significado más allá de lo que le sea ofrecido (algunas veces de manera muy atractiva) por el mundo— porque usted sabe que es la vida del reino lo que tiene valor eterno. Jesús, nuestro maestro y amigo, nos revela cómo podemos aprender de los momentos de nuestras vidas.

"Se ha cumplido el tiempo —decía [Jesús]. El reino de Dios está cerca. ¡Arrepiéntanse y crean las buenas nuevas!"

—Marcos 1:14, 15.

Al comienzo de su ministerio terrenal, Jesús le habla de una gran oportunidad: El reino de Dios está al alcance. Para entrar en el reino, sin

El Círculo representa nuestro viaje al reino de Dios

embargo, debemos atravesar un proceso de arrepentimiento y fe. El proceso puede ser difícil y retador. Algunas veces es doloroso. Pero por medio de este proceso aprendemos cómo rendir nuestras vidas, tomar la cruz, y seguir a Jesús hacia el reino. El Círculo representa nuestro viaje al reino de Dios, y el tiempo, los momentos *kairos* en nuestras vidas, es el portal a través del cual podemos entrar a vivir en el reino.

¿QUÉ ES UN MOMENTO KAIROS?

En el lenguaje de los tiempos de Jesús, existían dos palabras primarias para "tiempo": *chronos* y *kairos*. La primera se refiere al tiempo cronológico, como cuando ve su reloj para saber cuánto tiempo tendrá que esperar hasta el almuerzo o cuando anuncia que "la cena estará lista a las ocho en punto".

Kairos, por otro lado, revela un evento que sucedió en un punto particular en el tiempo. Si aquella cena de las ocho en punto resultó ser la más divertida que haya tenido en mucho tiempo y siente algún alivio de las presiones de su vida, entonces se transforma en un momento *kairos*. *Kairos* se refiere a un evento significativo –buen o malo—que altera su vida. Algo sucedió o fue dicho que hizo un impacto. Incluso puede parecer como si el tiempo *chronos* se detuviera.

¿Recuerda el día en el que se casó? ¿Qué tal el día del nacimiento de su primer hijo? Piense en aquella vacación favorita que tomó con su familia. Estos son todos momentos *kairos* que usted atesora. Algunos eventos *kairos*, sin embargo, dejan un impacto debido a sus trágicas consecuencias: la muerte de un ser querido, un divorcio, un pleito con un compañero de trabajo, los eventos terribles del 11 de septiembre de 2001.

Los eventos *kairos* pueden ser positivos o negativos, pero nunca son neutrales. Por su propia naturaleza, los momentos *kairos* dejan una impresión en usted. Supongamos que recibe una promoción y un aumento de sueldo en el trabajo. El dinero adicional le permitirá mudarse a la casa más grande que su familia realmente necesita. La nueva posición le permite usar sus talentos de manera más creativa. Usted se siente con más energías de lo que se había sentido en años.

O, tal vez, usted ofrece una palabra de aliento a alguien, pero esa persona lo malinterpreta. Otros se enteran y piensan que usted está dado al chisme. Usted se da cuenta de los rumores y de los dedos que lo señalan. Se siente ansioso y temeroso. Usted está pasando por un momento *kairos*. Las emociones son un gran indicador de los eventos *kairos*. Con frecuencia los eventos que provocan emociones negativas presentan las más grandes oportunidades de crecimiento.

CONSERVANDO LOS MOMENTOS DE APRENDIZAJE

Los seres humanos somos analíticos. Cuando sucede un momento *kairos*, especialmente uno que levanta emociones negativas, queremos estudiar todos los eventos que condujeron a tal crisis con la esperanza de prevenir que un evento similar ocurra de nuevo. Pensamos que lo que necesitamos aprender de nuestros errores es cómo no volverlos a cometer de nuevo.

Estamos mirando por el extremo incorrecto del telescopio. En lugar de mirar hacia atrás al evento con el fin de prevenir que las circunstancias se den de la misma forma otra vez, necesitamos mirar hacia delante, hacia el crecimiento que podemos experimentar a partir de él. En lugar de enfocarnos en lo que deseamos dejar atrás de una experiencia, deberíamos ser proactivos sobre lo que queremos obtener de la experiencia a medida que nos movemos a la próxima tarea, relación o etapa de nuestras vidas.

Tenemos la tendencia a pensar que la vida de fe es lineal, con un punto de partida (la salvación) y un punto final (el cielo). Tenemos un destino específico y el camino que nos llevará allí es recto y plano. Todo lo que tenemos que hacer es mantenernos en el camino recto y estrecho.

Salvación • ▶ **Cielo**

Esto no nos da la mejor imagen del camino de un discípulo. Permítame sugerirle otra imagen.

EL CÍRCULO COMO UN ESTILO DE VIDA PARA EL APRENDIZAJE

Aquí estamos, caminando en lo que creemos es una vía recta, sin curvas en el camino, sin intersecciones cuando debe tomar una decisión para la cual no está preparado. Quizás usted tiene un propósito específico en mente, o quizás simplemente está caminando en una dirección general que parece la mejor. Luego, sin aparentemente ninguna razón, un momento *kairos* sucede y le obliga a dar un frenazo.

Ahora se encuentra en una intersección que requiere una acción, una decisión.

Puede seguir caminando hacia delante, ignorando la puerta que lleva al crecimiento, actuar como si el evento nunca hubiera pasado y nunca le hubiera afectado.

Puede detenerse y negarse a avanzar en ninguna dirección. El evento lo afectó tan seriamente que no está seguro ni siquiera de querer continuar en el camino.

Puede regresar a una parte del camino que usted ya conoce y permanecer en donde le es familiar y seguro.

O puede pasar a través del portal en entrar en un proceso de aprendizaje, el Círculo. Lo que nos lleva a este proceso es un evento *kairos*. "Se ha cumplido el *tiempo*". Puede ser positivo (recibir una promoción) o negativo (ser despedido). Puede ser grande (su boda) o pequeño (una cita con su cónyuge). Pero cuando un momento *kairos* ocurre, debemos decidir si entraremos o no en el Círculo. Desde el momento en que entramos en el Círculo, estamos en un constante aprendizaje. Las cosas no volverán a ser como lo fueron antes del momento *kairos*.

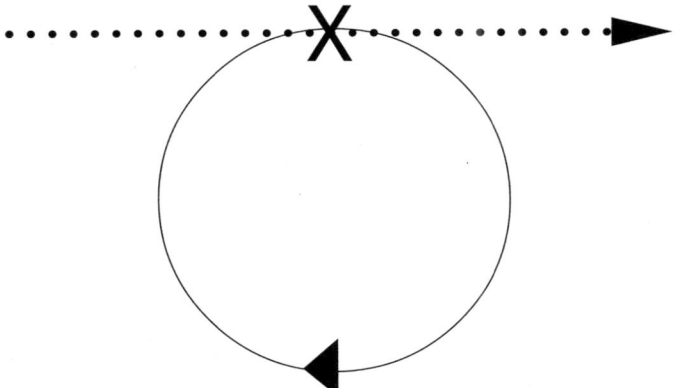

El Círculo LifeShapes amplia los tres elementos —observación, reflexión y acción— del bien conocido círculo de aprendizaje a seis elementos, creando un proceso que se adapta sólo a los principios enseñados por Jesús. La mitad del círculo se concentra en el Arrepentimiento, con los pasos de Observación, Reflexión y Discusión. La otra mitad del círculo nos lleva a la Fe, con los pasos de Planificación, Compromiso y Acción. Los pasos adicionales —Reflexión, Discusión y Compromiso— tienen que ver con el principio bíblico de la vida corporal. Dios nos ha llamado a vivir en comunidad los unos con los otros y el proceso de discipulado es experimentado de mejor manera en el contexto de la comunidad de fe.

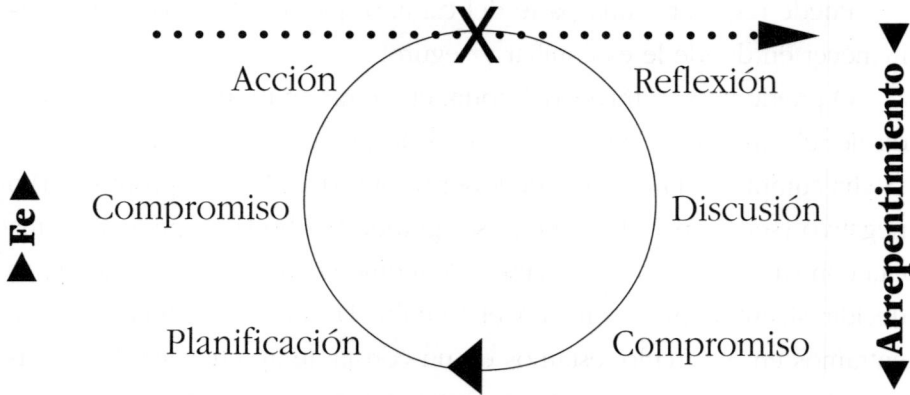

Mientras que *kairos* es una palabra evento —algo que tiene un principio y un fin—Arrepentimiento (*metanoia*) es una palabra proceso. Creer (*pistis*) también lo es. El Círculo es un proceso, un estilo de vida que no tiene un comienzo y final específicos. Uno no se transforma en discípulo de Jesús y sigue igual; el discipulado es un estilo de vida de aprendizaje. Este aprendizaje significa un arrepentimiento continuo de la manera en que nos aproximamos a la vida. Significa un cambio de corazón. Habiendo tenido la experiencia de un evento *kairos*, luego comenzamos el proceso de arrepentimiento. Pero el aprendizaje real no ocurre sino hasta que entramos en el proceso de creer, iniciamos un plan por del cual somos responsables y esto cambia nuestras acciones.

¿POR QUÉ CAMBIAR?

¿No desea todo el mundo una vida apasionada? Nos encanta la gente entusiasta y apasionada; tienen algo de la naturaleza de Dios en ellos. De hecho, la palabra entusiasta se deriva de la palabra griega *enthousiasmos*, que viene de *entheos*, que significa "tener al dios dentro". Si bien el corazón humano fue creado para la pasión y el entusiasmo, cuando enfrentamos los retos de la vida podemos sufrir secuencias de pérdidas y desilusiones que maten nuestra pasión. Oportunidades perdidas, relaciones rotas, las tensiones y el estrés de la vida que nos hieren cobran su precio.

Eventualmente tratamos de protegernos y nuestra pasión es gradualmente restringida, ahogada y debilitada. En consecuencia, comenzamos a sentirnos menos vivos. Esta es una posición peligrosa para estar porque un corazón hambriento es un predador persistente buscando devorar cualquier cosa que le de un respiro temporal al dolor interior. Nuestros corazones se vuelven más vulnerables al acomodo rápido y puede ser llevado a un período de oscuridad y depresión. No tenemos necesidad de ir allí, y si nos encontramos allí, no tenemos porqué quedarnos allí.

Jesús le ama demasiado como para dejarle tal como es. Como su discípulo, usted está llamado a una vida de constante renovación y avivamiento, de cambio. Al aprender como identificar los momentos *kairos* en su vida y elegir entrar en el proceso de arrepentimiento y fe, puede transformar la manera en que ve los retos de su vida. Puede hallar esperanza y sanidad para su pasado, presente y futuro. Puede enfrentar la vida entusiastamente.

L a mayoría de nosotros considera la depresión como una experiencia negativa y vergonzosa usando términos como "bajón", cuando es importante considerarla como una posible señal que indica hacia el cambio. Como consejero cristiano, he estado usando el contexto del círculo del aprendizaje en mis consultas. He visto transformaciones en individuos que han escogido ver la depresión como una situación de aprendizaje, una señal que apunta hacia algo, dada por Dios. Puede ser disciplina, puede ser guía, pero es algo que debemos procesar responsablemente y a lo cual responder.
—*DR. ANGUS BELL*

CAPÍTULO 4

¿EL CAMBIO ES BUENO?

Como seguidores de Jesús, somos llamados continuamente a cambiar nuestro modo de pensar. La vida del cristiano tiene un continuo aspecto de cambio. Conducirse como un discípulo de Jesús significa constante crecimiento y cambios internos a medida que tenemos más el carácter del Maestro. Cada día —muchas veces— tenemos la oportunidad de decir "No seré más así. No responderé con la misma moneda al compañero de trabajo que fue rudo conmigo. No gritaré a mis hijos por dejar de nuevo las bicicletas en medio de la calle. No volveré a ignorar yoduro que trabaja mi cónyuge para que pueda hacer lo queme gusta hacer". El arrepentimiento no trata de juicio, sino de cambio.

El arrepentimiento es esencial si vamos a crecer como discípulos, pero no siempre es fácil. De hecho, la mayoría de las veces, no lo es. Enfrentar nuestras fallas es algo que queremos evitar, como un viaje al dentista o bañar al gato. Pero esconder o ignorar nuestras fallas no hará que desaparezcan, y no progresaremos en nuestro caminar con Jesús a menos que pasemos por el lado del Arrepentimiento del Círculo.

EL ARREPENTIMIENTO ES ESENCIAL

En Marcos 1:15, el primer mandamiento de Jesús para nosotros, la primera parte del Círculo, es el Arrepentimiento. Con frecuencia encontramos fuerte resistencia cuando traemos a colación esta palabra, porque evoca imágenes de predicadores de mano fuerte repartiendo condenación antes que gracia. El arrepentimiento es más que la manera en la que nos sentimos o reaccionamos después de haber hecho malo. La palabra "arrepentirse" viene de la palabra griega *metanoia*, la cual significa cambiar de opinión. El cambio es una parte vital de la vida de un seguidor de Jesús. Una vez que cambiamos de lado, la nueva actitud afectará nuestras acciones externas.

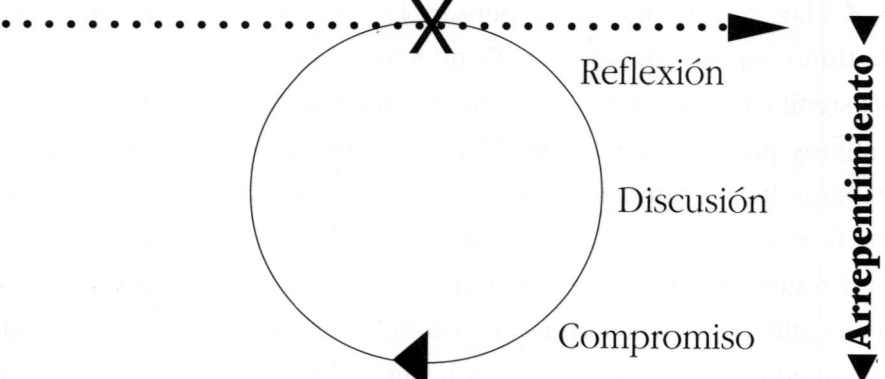

Reflexión

Discusión

Compromiso

Arrepentimiento

Observación

A medida que consideramos la mitad del Círculo que corresponde al Arrepentimiento, veamos una historia en la vida y enseñanza de Jesús de Mateo 6. El primer paso en el arrepentimiento es la Observación.

Jesús y sus seguidores habían tenido un largo día. Jesús había subido a una ladera y enseñado lo que conocemos como el Sermón del Monte. En esta enseñanza de un día, Jesús perfiló el estilo de vida radical que él pide a sus seguidores adoptar. Habló sobre temas de la vida real como el asesinato, el adulterio, el divorcio, la mentira, la venganza, amar a nuestros enemigos, dar al necesitado, orar y ayunar, y el amor al dinero. Excepto por la oración y el ayuno, suena como una novela en horario estelar. Cada quien tiene un secreto que se supone nadie más tiene que saber. Pero Jesús lo sabe. Él habla de estos temas de una forma que los fuerza a pasar al frente.

Podemos fácilmente imaginar como esto provoca una presión interna que lleva a un momento *kairos*. Los oyentes comienzan a pensar sobre las cosas que están escondiendo. ¿Qué tal si todo se derrumba? Cuando esto sucede, la ansiedad y la preocupación se asientan. Jesús se refiere a esta reacción de la vida real a la que los humanos somos propensos.

"No se preocupen por su vida, qué comerán o beberán; ni por su cuerpo, cómo se vestirán. ¿No tiene la vida más valor que la comida, y el cuerpo más que la ropa?"

—Mateo 6:25

Jesús sabía lo que estaba sucediendo en los corazones de sus seguidores, así que los conduce a través del proceso que los hará libres. Comienza con la observación. Les dice que vean a las aves. Muy bien, aves. Los discípulos podían sentir la respiración de los fariseos sobre sus cuellos y Jesús está mirando a las aves. Podemos escucharlos decir, "¿Qué tiene que ver esto con lo que me preocupa?" Probablemente sea bueno que Mateo no nos diga exactamente lo que los discípulos dijeron en esta si-

> Los discípulos podían sentir la respiración de los fariseos sobre sus cuellos y Jesús está mirando a las aves.

tuación. Es por el bien de ellos que la mayor parte de lo que hablaron con Jesús no aparece registrado. Mucho de lo que sabemos que dijeron fue poco brillante. Pero Jesús es un paciente maestro.

Jesús lleva a sus seguidores a observar sus propias vidas al hacerles mirar algo diferente. ¿Qué es lo que Jesús observa en las aves?

"Fíjense en las aves del cielo: no siembran ni cosechan ni almacenan en graneros; sin embargo, el Padre celestial las alimenta."

—Mateo 6:26

Esta es una observación directa. Nosotros nos preocupamos, pero las aves no. Dios las alimenta y con nosotros hará lo mismo. Jesús no dice el Padre celestial de las aves, sino "el" Padre celestial ("vuestro Padre celestial" en la versión RV). El mismo Padre celestial que cuida de las aves cuida de ustedes. Al observar las aves, los discípulos terminaron viéndose a sí mismos y reconociendo sus propios miedos y falta de fe. Observar un evento *kairos* nos lleva a examinarnos a nosotros mismos.

Cuando un momento *kairos* nos detiene en el camino, es tiempo de observar nuestras reacciones, nuestras emociones, nuestros pensamientos. Debemos ser honestos en nuestras observaciones. Debemos ver las cosas como realmente son si vamos a cambiar internamente. Este no es el momento de mirar como otros nos han herido o insistir en que cualquier cosa que haya pasado es culpa de alguien más. No es el tiempo de decir que lo que sea que hayamos hecho no es tan malo como lo que hizo Fulano, o que como nadie salió lastimado, al final no fue tan malo.

El Círculo comienza con la observación sincera. Míralo de esta forma. Metiste la pata. Hiciste o dijiste algo que hirió a alguien, o no hiciste lo que debías haber hecho para ayudar a alguien. Tú lo sabes. Y Dios también lo sabe. ¿Por qué esconderse? Adán y Eva pecaron contra Dios y luego se escondieron. ¿Pensaron ellos en verdad que podían burlar a aquel que había creado su hogar en el jardín en primer lugar? Dios conoce todos nuestros escondites y él no se ofende cuando nosotros, de manera honesta, los observamos.

Continuemos con el Círculo.

Reflexión

La reflexión comienza cuando Jesús pregunta: "¿No valen ustedes mucho más que ellas?" (Mt. 6:26). Por supuesto que la respuesta a esta pregunta retórica es sí. Las aves son valiosas, pero nosotros lo somos más. Jesús ayuda a los discípulos a poner las cosas en perspectiva. Hacer preguntas es buena forma de reflexionar.

Ahora bien, ¿sobre qué reflexionamos? Reflexionamos sobre nuestras observaciones sobre el momento *kairos* que nos llevó al Círculo. Nos preguntamos por qué reaccionamos de la manera en que lo hicimos, por qué nos sentimos de esta manera, por qué este evento hizo brotar estas emociones a la superficie. Una vez más, nuestras respuestas deben ser honestas si deseamos que ocurra un cambio real. (Por cierto, a las personas introvertidas les parecerá más natural esta etapa que a las personas extrovertidas porque les da la oportunidad de pasar tiempo a solas reflexionando).

La reflexión conduce naturalmente a la conversación y la discusión.

A sistíamos a una iglesia donde uno de los pastores había estudiado los principios de LifeShapes. Fue durante un tiempo muy difícil en nuestro matrimonio cuando le pedimos que nos diera algún consejo. Debido a una aventura extramatrimonial, nuestra familia estaba al borde de la desintegración. El dolor de la infidelidad parecía imposible de aliviar, pero una cosa que sí sabíamos era que estábamos comprometidos a lidiar con nuestros problemas y permanecer juntos. Nos sentamos con nuestro pastor y hablamos largo tiempo. El pastor comenzó usando los puntos del Círculo como una guía para nosotros para tratar los problemas en nuestro matrimonio. En el proceso de reflexión, fuimos capaces de identificar momentos *kairos* que habían tenido un impacto significativo en nuestra relación. Con la ayuda de nuestro pastor, pasamos por el proceso de Observación, Reflexión y Discusión de cada uno de aquellos momentos *kairos*, comenzando así un ciclo de aprendizaje y sanidad. En situaciones aparentemente imposibles, Jesús nos ha dado un camino directo hacia su paz y su reino.

—UNA PAREJA EN CRISIS

Discusión

Después de observar y reflexionar honestamente, es tiempo de invitar a otros a participar en el proceso junto con nosotros. "¿Quién de ustedes, por mucho que se preocupe, puede añadir una sola hora al curso de su vida?" (Mt 6:27).

Mateo nos da un registro detallado de la discusión entre Jesús y sus discípulos en este momento, pero el método de enseñanza usual en aquella época era el de preguntas y respuestas. La discusión era una parte básica de la experiencia del aprendizaje. Sin duda alguna los discípulos tenían sus propias preguntas.

Jesús fue siempre incisivo, preguntando siempre, diciendo siempre, qué tal esto o qué tal aquello. Él presionó a sus discípulos a mirar a las cosas desde un nuevo ángulo, para obtener una nueva perspectiva. Necesitamos discutir sobre las cosas con otras personas para alcanzar una mayor claridad sobre ellas. Otras personas ven cosas que nosotros no vemos y nos retan en formas que no nos atrevemos a retarnos a nosotros mismos. Tratamos de cambiar las co-

> Jesús dice que la persona que se preocupa es la que necesita cambiar, y no la cosa que le preocupa.

sas que nos preocupan, pero Jesús dice que la persona que se preocupa es la que necesita cambiar, y no la cosa que le preocupa. Los cambios ocurren en nosotros cuando ponemos atención a las preguntas y comenzamos a tratar de responderlas. "¿Por qué me preocupo por esto cuando sé que Dios está en control?"

Dios no desea que vivamos nuestro discipulado completamente solos. Necesitamos de otras personas en nuestras vidas con las cuales compartir observaciones y reflexiones, que sean honestos en las respuestas que nos den. Estas personas deben ser lo suficientemente fuertes como para manejar su confesión, sea grande o pequeña, y compartir la gracia y el perdón de Dios con usted. Un hermano o hermana digno de confianza estará con usted, orará con usted, peleará junto a usted, pero nunca le halagará con palabras vacías. "Por eso, confiésense unos a otros sus pecados, y oren unos por otros, para que sean sanados" (Stg 5:16).

El Arrepentimiento No Es Fácil

Una mujer joven asistía a un estudio bíblico en Arizona en el cual compartíamos el Círculo. Trabajaba en un banco local y vino al estudio con un amigo sólo para pasar el tiempo. Ella no era cristiana, pero escuchó atentamente lo que teníamos que decir sobre los momentos *kairos* y el Círculo.

Un día cuando hacía el cierre de caja al final del día, había menos dinero del que debía haber. La joven mujer comenzó a discutir con otro empleado acerca de quién tenía la culpa. Ella insistía en que ella había hecho todo correctamente y que era culpa del otro empleado que faltara dinero. El otro empleado estaba igualmente convencido de que la responsable del problema era la joven mujer.

 PARA SABER MÁS VÉASE EL TRIÁNGULO, CAPÍTULO 10.

Había dinero faltante y algo había que hacer al respecto. Esta joven mujer estaba experimentando un momento *kairos*.

Pasó por las fases del arrepentimiento. Después de la discusión con su compañero de trabajo sobre quién era el responsable del dinero faltante, y una vez que se hubo calmado, analizó la situación. (Observó y Reflexionó). Recordó algunos recibos que no había incluido en su libro de contabilidad ese día. Los recibos que luego añadió sumaban el monto exacto que antes faltaba. Había sido su culpa después de todo. Luego tomó el siguiente paso, el más difícil. Buscó a su compañero de trabajo y le confesó su error. Ahora estaba a la mitad de camino dentro del Círculo.

Más adelante veremos que la cajera no se detuvo simplemente en la mitad del camino, sino que continuó a través del Círculo tal y como nosotros debemos hacerlo. A medida que Jesús continúa su enseñanza en Mateo 7, habla a la multitud sobre el constructor prudente y el constructor insensato, diciendo básicamente: "Algunos de ustedes son prudentes, y algunos de ustedes son insensatos. Los insensatos son aquellos que me escuchan. Los prudentes son aquellos que me escuchan y actúan de acuerdo a lo que han oído. Así que actúen en base a los cambios que quieren ver en sus vidas". Al movernos del lado del Arrepentimiento del Círculo al lado de la Fe, estamos tomando una acción basada en lo que queremos que nuestras vidas luzcan, y comenzamos el verdadero proceso de cambio en nuestras vidas.

CAPÍTULO 5

FE ES UNA GRAN PALABRA

*L*a experiencia es la mejor maestra."
Esta frase puede sonar muy bien cuando se la pronuncia, pero casi siempre es incorrecta. El solo hecho de vivir una experiencia –el solo pasar por un momento *kairos*— no significa que aprendamos algo de ella, si fuera así no tendríamos que repetir las mismas lecciones una y otra vez. Aprendemos al responder a la experiencia. De la misma forma, el arrepentimiento en sí mismo no produce cambio. El arrepentimiento es sólo la primera parte del Círculo. Detenerse después de arrepentirse sólo hace la experiencia ocurra de nuevo y que el arrepentimiento sea más difícil la siguiente vez.

Después de observar, reflexionar y discutir la situación con alguien más —el proceso de arrepentirse ante Dios— debemos pasar al lado izquierdo del Círculo y comenzar a cambiar nuestras acciones. ¿Cómo sucede esto? Por medio de la fe. Esta es la segunda mitad del Círculo, el proceso siguiente en el estilo de vida del discipulado.

"La fe", dice el escritor de la carta a los Hebreos, "es la garantía de lo que se espera, la certeza de lo que no se ve" (Heb 11:1). Traducciones antiguas utilizan la palabra "sustancia" —la fe es la sustancia de las cosas que no se ven. La fe no es simplemente una linda idea, es una manifestación substancial del creer. Es estar seguros de algo que no podemos ver. Fe no se deletrea r-i-e-s-g-o, se deletrea s-e-g-u-r-i-d-a-d! La fe es algo real.

LA FE ES ACTIVA

El autor de la carta de Santiago tiene algunas palabras que son difíciles de oír para nosotros.

"Hermanos míos, ¿de qué le sirve a uno alegar que tiene fe, si no tiene obras?... la fe sin obras está muerta."

—Santiago 2:14, 26.

La fe no son sueños o deseos vacíos que nunca se hacen realidad. La fe es acción. La fe es lo que nos lleva a transitar el Círculo y avanzar en nuestro caminar como discípulos. Los tres principios de la fe compensan los tres principios del arrepentimiento. Descubriremos esto continuando nuestro estudio del Serón del Monte.

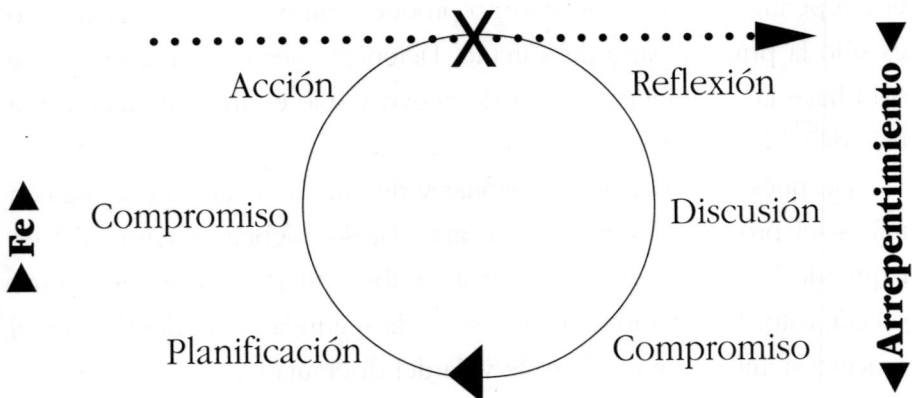

Planificación

El primer paso en la respuesta de fe a un momento *kairos* es la Planificación. Tomando en cuenta su observación, reflexión y discusión, está en capacidad de formular un plan para generar cambios internos. Jesús dice: "Mira, es necesario que tengas una nueva forma de ver la vida, otra manera de tratar con estos problemas. De hecho, tienes que comenzar a pensar que existe otro tipo de plan que gobierna tu vida".

Al final, los eventos *kairos* nos llevan a descubrir que hemos usado a algo o a alguien como substituto de Dios. La Planificación involucra buscar el reino de Dios primero, sin importar las circunstancias.

> ¿Qué sabemos sobre edificar una vida que no esté basada en la preocupación, sino en la fe?

Supongamos que usted tiene un mal hábito que ha alcanzado el nivel de crisis. Reflexionando sobre la causa, el Señor le revela un vacío o carencia que está tratando de llenar al adoptar aquel hábito. ¿Qué tipo de plan necesita? Una estrategia para reconocer los sentimientos que lo llevaron a adoptar ese comportamiento para que pueda reaccionar de manera adecuada. Supongamos que este hábito es comprar, planifique comprar sólo lo que realmente necesite y pague en efectivo. Luego permita al Señor llenar su vacío. O suponga que Dios le ha mostrado que usted necesita responder con más entusiasmo a un compañero de trabajo, ¿qué tipo de plan necesitaría entonces? Un plan específico sobre cómo y cuándo animará a su colega.

"Más bien, busquen primeramente el reino de Dios y su justicia, y todas estas cosas les serán añadidas."

—Mateo 6:33.

¿Qué sabemos sobre edificar una vida que no esté basada en la preocupación, sino en la fe? Mateo 6:33 ofrece la declaración más clara en la Biblia sobre planificación. La planificación trata de visión. Tenemos una visión y elaboramos un plan para llegar allí, para hacer que la visión suceda, que se haga una realidad. Si usted tiene una visión de una tarde en la playa, pondrá en acción un plan y tomará su silla de playa, el bloqueador solar y un gran sombrero para protegerse del sol. Si tiene la visión de ahorrar dinero para la cuota inicial de una casa, hará un plan sobre cuánto apartará de cada uno de los cheques de su sueldo. Hacemos este tipo de cosas todo el tiempo. ¿Por qué, entonces, no planificar para la visión del reino de Dios?

Jesús nos dice que hagamos planes para buscar su reino y su justicia. Justicia significa relaciones correctas. La dirección de Dios en nuestras vidas se vuelve nuestra visión a medida que dejamos de lado una vida llena de preocupación. Las preocupaciones de mañana ya no nos dominan más. Dios se encargará de todo. Esta es la base de nuestra planificación.

Compromiso

Si un plan va a resultar efectivo, necesitamos al menos una persona que se haga responsable de él. Es muy fácil sabotear una dieta si nadie más sabe que se supone que usted está en una. No cuesta mucho gastar el dinero de la cuota inicial en un viaje de fin de semana si nadie más sabe que usted está ahorrando para comprar una casa.

"No juzguen a nadie, para que nadie los juzgue a ustedes... ¿Por qué te fijas en la astilla que tiene tu hermano en el ojo, y no le das importancia a la viga que está en el tuyo?"

—Mateo 7:1, 3

Todos sabemos lo sencillo que es señalar los errores o debilidades de otras personas. Justificamos que lo que sea que hayamos hecho no es ni tan remotamente tan tonto como lo que Fulano hizo. ¡Nosotros jamás heriríamos a nadie de esa forma! ¿Cómo pudo siquiera pensar eso? Qué tonta. Tal vez el pensar —o decir— estas cosas nos haga sentirnos mejor con nosotros mismos, porque pensamos que lucimos mejor en comparación con otros. No es verdad. Esta es la realidad con la cual Jesús nos enfrenta. Jesús nos dice que hagamos lo opuesto: en lugar de exigir que otras personas se han responsables de sus acciones, reconoce que a ti mismo también se te exige responsabilidad. Los hipócritas buscan las faltas de los demás y omiten las suyas propias. Jesús nos pide que seamos auténticos, no hipócritas.

> Jesús nos pide que seamos auténticos, no hipócritas.

El cambio no sucede en privado. El proceso de arrepentimiento que comienza internamente se hace externo por medio de la fe. Puede sentir miedo de compartir sus confidencias con alguien más porque piensa que sus pensamientos o sentimientos son demasiado privados. Esto sólo evitará que crezca y cambie. Todos los errores que los héroes de la Biblia cometieron están registrados públicamente para todos los tiempos. Sólo piense en cómo se debe sentir Pedro sabiendo que hay gente leyendo y discutiendo sobre cómo negó a Jesús tres veces.

Cuando Jesús envió a sus discípulos, los envío de dos en dos. En pares. En equipos. En equipos comprometidos.

Compartir sus pensamientos íntimos y sentimientos externos con otra persona puede ser difícil al principio, pero al final es necesario para el crecimiento. El Círculo no rueda si una parte está rota o falta. No podemos evadir la responsabilidad y seguir diciendo que somos discípulos de Cristo. Es así de simple.

Acción

Una vez que tiene un plan y una relación de compromiso con él, el siguiente paso natural es la acción. La fe emerge y produce acción. La fe no puede ser contenida. Los pensamientos e intenciones que guardamos dentro y no se manifiestan en acción no son fe, sin importar lo que queramos pensar. "Mi fe es personal" es la frase favorita. Pero esta es una afirmación que se contradice a sí misma. La fe siempre se manifiesta de manera externa, nunca es anónima.

Cuando nos casamos, mi esposa y yo comenzamos a asistir a la iglesia de Saint Thomas en Inglaterra. A medida que aprendimos sobre el Círculo, pronto se hizo obvio lo importante que eran sus principios para nuestro matrimonio. Desarrollamos un plan para poner el Círculo en acción a medida que pensábamos en nuestro matrimonio y vida juntos. Ahora, varias veces al año, reservamos fuera un fin de semana juntos –con un rotafolio. Juntos, examinamos los eventos más importantes que han tenido lugar en nuestras vidas, nuestros momentos *kairos*. Siempre pasamos por los procesos de Observación, Reflexión y Discusión. Pasamos tiempo hablando sobre lo que ha sucedido, cómo ha afectado esto nuestras vidas como pareja, y qué podemos aprender de esto para pasar a la Planificación, el Compromiso y la Acción. Para cuando el fin de semana se ha acabado, comprendemos el impacto de los momentos *kairos* y volvemos a casa con un plan para el futuro que fortalezca nuestra relación.

—*UN JOVEN ESPOSO*

Veamos de nuevo la historia del constructor prudente y del constructor insensato. Jesús cuenta a la multitud sobre dos hombres que estaban construyendo sus casas. Uno construyó sobre la roca y el otro sobre la arena. Quizás recuerde aquella vieja canción de Escuela Dominical sobre lo que le sucedió a las dos casas cuando sopló el viento y cayó la lluvia. Un énfasis familiar de este pasaje es sobre construir nuestra casa –nuestra vida— sobre la sólida roca de Jesús. Tengamos en mente todo lo sucedido antes de esta historia. Jesús había pasado una porción significativa de tiempo enseñando ideas radicales. Había retado a sus oyentes a revolucionar las reacciones a experiencias que había tenido en sus vidas – algunas ordinarias, otras dramáticas. ¿Qué deseaba Jesús de sus oyentes? Que actuaran de acuerdo a lo que habían escuchado. El hombre prudente que construyó su casa sobre la roca escuchó lo que Jesús dijo y luego *hizo lo que Jesús dijo que hiciera.*

¿Recuerda la joven mujer del banco? Ella se arrepintió y transitó la mitad del Círculo. Ahora necesitaba creer y poner en acción la fe.

Su primer paso fue elaborar un plan. Sus cuentas habían fallado porque había dejado fuera algunos recibos. Por esto ideó una mejor forma de organizar su actividad del día. Este plan le aseguraría incluir todo aquello que debería aparecer reflejado en el total. Luego habló con al compañero de trabajo al cual había culpado por el dinero faltante. Juntos acordaron que cada uno revisaría el trabajo del otro para asegurarse de que todo estaba hecho correctamente. A medida que hacía esto, la joven mujer se dio cuenta de que había cambiado.

El momento *kairos* que la puso a transitar dentro del Círculo la hizo hacer su trabajo de mejor manera y, más importante aún, la hizo pensar de manera diferente sobre su compañero de trabajo y sobre sí misma.

Una Fe En Espiral

Imagine el Círculo como si se tratara de una espiral de juguete, que va toda enrollada. Una vez me pidieron (Walt) que hablara en un retiro en el precioso centro de conferencias de Lake Okoboji, en Iowa. Una mujer que asistía a la conferencia se me acercó un día después de mi participación y hablamos sobre el Círculo. Me dio una espira de juguete.

"Esto es para usted", me dijo. "Cuando usted habló sobre los discípulos entrando en el Círculo, me lo imagine como si se tratara de una espiral de juguete. Pareciera como si sólo diéramos vueltas y vueltas, pero en realidad estamos llegando a algún lado".

Tengo la espiral sobre mi escritorio para recordarme que en nuestro viaje de discipulado, en realidad sí estamos llegando a algún lado.

Una vez que estamos consciente del Círculo —y lo ponemos en práctica— la vida puede lucir como una espiral de juguete, una serie de curvas unidas por el tiempo. Cada vuelta al Círculo significa que hemos crecido un poco más y tomado un poco más el carácter de Cristo. Nuestras vidas consisten en eventos conectados entre sí en el tiempo y nuestra respuesta a ellos. La respuesta correcta —Arrepentimiento y Fe— nos adentra más en el reino. Saltar alguna parte de la rueda significa continuar luchando una y otra vez con el mismo problema.

¿Cómo tomamos la cruz y nos hacemos completamente devotos estudiantes seguidores de Cristo? Rindiéndonos al proceso de cambio. Abrazando el fruto del Espíritu que Dios quiere producir en nuestras vidas. Cuando se haga difícil enfrentar los problemas del pecado presentes en su vida, prosiga hacia delante. No de la vuelta buscando alivio de sus luchas internas. Persevere. El premio será grandioso. Una vez que haya probado la bondad del Señor, querrá vender todo lo que tiene para mantenerla y conocerla más profundamente.

CAPÍTULO 6

EL REGALO DEL TRABAJO

*É*rase una vez un país lejano, en donde la oficina abría a las 8:00 am. Empleados bien descansados y alegres llegaban a trabajar llenos de energía todo el día. La oficina cerraba puntualmente a las 5:00 pm. Los jefes estaban muy contentos con la productividad de sus empleados. Los empleados dejaban ordenadas sus áreas de trabajo y volvían a casa y cenaban con sus familias. El día de trabajo había terminado. Ahora era tiempo de descanso y renovación.

¿Le parece un cuento de hadas? Para muchos de nosotros, esto no se parece ni remotamente a nuestras vidas.

Volvamos a nuestra historia.

Después de varios siglos, viajeros de Occidente trajeron consigo nuevas invenciones brillantes. Los llamaban computadora, Internet y teléfono celular. Los empleados se reunieron alrededor, presionando números y letras. ¡Qué divertido! Los jefes sonrieron. ¡La productividad se dispararía! Ahora los empleados podrían trabajar en dondequiera que estuvieran.

Muy pronto los empleados se encorvaron sobre las máquinas desde temprano en la mañana hasta tarde en la noche. El resplandor de la computadora cansaba sus ojos, y teclados inapropiadamente diseñados arruinaron sus tendones. Al final del día, guardaron sus computadoras portátiles sólo para volverlas a encender en casa. A medida que se reunían alrededor de la máquina dispensadora de café en la mañana, uno detrás de otro alardeaba sobre hasta cuán tarde había tenido que trabajar la noche anterior.

Esto suena más como la realidad, ¿no es cierto?

Nuestra cultura tecnológica ha evolucionado hasta un punto en el que el número de horas que se puede trabajar en una semana es una competición de alto nivel. ¿Cuando usted se arrastra al trabajo en las mañanas, puede quejarse con sus compañeros de trabajo de que estuvo trabajando casi hasta media noche? ¿Se le ve con su computadora portátil en su estuche colgando de su hombro cuando se dirige a casa? ¿Está usted pendiente de la máquina contestadora para estar al día de los mensajes que recibe cuando está fuera del trabajo? ¿Toma turnos adicionales para agregar dinero extra a la hipoteca? ¿Se encentra a sí mismo envuelto en una escuela o trabajo diferente cada día de la semana?

Un padre que tenía una posición gerencial en una organización cristiana llevaba rutinariamente a sus hijos a la escuela en la mañana y rutinariamente volvía a casa para cenar con su familia. Cuando un compañero de trabajo le comentó esto, le confió que él se había sentido por muchos años relegado porque otros pensaban que él no trabajaba tan duro como ellos.

¿Qué nos lleva a trabajar tan duro y sentir orgullos de ello? Algo no está bien aquí.

EL TRABAJO VIENE DE DIOS

El trabajo es importante. El primer mandamiento que Dios da a los seres humanos es "sean fructíferos y multiplíquense" (Gn 1:218). Por muy atractivo que resulte dormitar indefinidamente en una hamaca, los seres humanos no fuimos creados simplemente para existir. Adán y Eva vivían en medio de un jardín, rodeados de todo tipo de

animales, aves, peces, árboles, flo-
res y plantas comestibles. Se les
ordenó cuidar de toda la creación. ¡Qué trabajo! Debían ser
granjeros, zoólogos, botánicos,
ornitólogos e ictiólogos. No sólo de-

El trabajo no forma parte del castigo; fue lo que Dios diseño para nosotros.

bían mantener vivos a estos seres creados, también establecer un ambiente en el cual pudieran crecer y aumentar en número. Esto sí que era trabajo.

¿Se ha dado cuenta de cuándo cronológicamente se dio este mandamiento? Fue dado antes de que Adán y Eva comieran del fruto prohibido. Fue dado antes de que el pecado entrara en el mundo. Fue dado antes de que Adán y Eva trataran de esconderse de su Creador. El trabajo no forma parte del castigo; fue lo que Dios diseño para nosotros desde el principio. Claramente no debemos ser servidores malos y perezosos, fuimos hechos para llevar fruto.

Pero, ¿significa esto que debemos ser adictos al trabajo? En una sola palabra: No.

Todos sentimos presión en nuestras vidas, pero no siempre esta presión es mala. La presión, según lo que aprendimos en las clases de física de secundaria, es simplemente una fuerza aplicada a un objeto para cambiar su forma o trayectoria. Las fracturas ocurren cuando el objeto no se mueve o relaja. La cantidad correcta de presión sobre la cuerda de un violín crea una preciosa nota. Un poco más de presión y se obtiene un ruido exasperante; demasiada presión y lo que se obtiene es un desafinado ruido agudo. No podemos –y no debemos— tratar de evitar la presión. Es parte de la vida. Sin embargo, no estamos hechos para soportar demasiada presión. Tome un momento para responder a las siguientes preguntas:

- ¿Trabaja regularmente seis o siete días a la semana?
- ¿Trabaja regularmente diez o más horas al día?
- ¿Trabaja frecuentemente durante el almuerzo?
- ¿Lleva trabajo consigo durante las vacaciones?
- ¿Responde correspondencia o mensajes de voz relacionados con el trabajo una vez que llega a casa en la noche? ¿Durante el fin de semana?
- ¿Ha cancelado alguna vez unas vacaciones porque tenía mucho trabajo?
- ¿Piensa en asuntos de trabajo mientras come con su familia?
- ¿Habla más de su trabajo que de su familia cuando sale con su cónyuge?

Podemos continuar la lista, pero ya debe tener una idea. Si usted es adicto al trabajo, se reconocerá a sí mismo en esta descripción. Pero, ¿sabía usted que las personas adictas al trabajo son más propensos a las enfermedades relacionadas con el estrés, a la fatiga mental y emocional y a los problemas en las relaciones cercanas, tales como el matrimonio?

Este estilo de vida lleno de estrés es tan común entre los cristianos como entre el resto de la población. Podemos decir "Depositen en él toda ansiedad, porque él cuida de ustedes" (1P 5:7), pero no nos permitimos hacerlo. Citamos "Porque mi yugo es suave y mi carga es liviana" (Mt 11:30), pero seguimos llevando cargas pesadas en nuestras espaldas. Algo está realmente mal.

Esto no era lo que Dios tenía en mente cuando nos hizo para ser fructíferos. Dios nos creó para ser productivos, pero malinterpretamos lo que esto significa. Construimos nuestras identidades alrededor de nuestras actividades. Nos hemos transformados en "hacedores" humanos, en lugar de ser "seres" humanos. Lo hemos alterado todo.

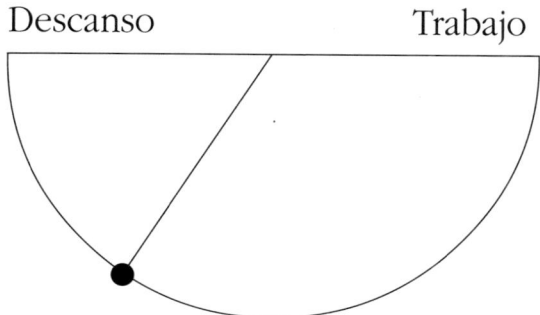

Descanso   Trabajo

El modelo bíblico del ritmo de vida nos permite ser fructíferos de manera equilibrada con el descanso. Debemos estar seguros de quiénes somos, basados en lo que Cristo hizo por nosotros en la cruz y las grandes promesas que tenemos de que somos amados y aceptados por Dios. Debemos activar los frenos cuando se trata de vivir un estilo de vida acelerado de forma que podamos ganar la aceptación de otros por medio de lo que hacemos.

Cuando Mike presentó por primera vez esta enseñanza a la oficialidad de nuestra iglesia, se podía escuchar tanto los suspiros de alivio como los gritos de dolor. En una iglesia de 12.000 miembros la oficialidad debe dividir su tiempo entre dirigir un gran negocio y acoger a una auténtica comunidad. Ciertamente una semana "normal" de trabajo no es ni remotamente tiempo suficiente para alcanzar ambos objetivos. Nuestra cultura nos ha enseñado que la única forma de edificar una iglesia exitosa es edificando una iglesia grande. Pero al hacer esto, hemos perdido nuestro enfoque en la comunidad. Luego Mike viene y nos dice que redistribuyamos nuestro tiempo, redirijamos nuestros esfuerzos en edificar discípulos antes que en edificar edificios. La respuesta de la oficialidad reveló el nivel de presión bajo el cual habían estado, lágrimas de alegría y dolor con un grado de separación entre ellos.

—*WALT*

EL PÉNDULO QUE SE BALANCEA

Las Escrituras revelan el modelo de vida que Dios creó para nosotros. Podemos verlo en las vidas de Adán y Eva antes de la caída, y lo vemos en la vida diaria de Jesús. Este es el modelo de vida que llamamos el Semicírculo, llamado así por la imagen de un péndulo balanceándose a un ritmo natural de un lado al otro.

Y dijo: "Hagamos al ser humano a nuestra imagen y semejanza. Que tenga dominio sobre los peces del mar, y sobre las aves del cielo; sobre los animales domésticos, sobre los animales salvajes, y sobre todos los reptiles que se arrastran por el suelo."

Y Dios creó al ser humano a su imagen; lo creó a imagen de Dios. Hombre y mujer los creó, y los bendijo con estas palabras: "Sean fructíferos y multiplíquense; llenen la tierra y sométanla; dominen a los peces del mar y a las aves del cielo, y a todos los reptiles que se arrastran por el suelo."

También les dijo: "Yo les doy de la tierra todas las plantas que producen semilla y todos los árboles que dan fruto con semilla; todo esto les servirá de alimento. Y doy la hierba verde como alimento a todas las fieras de la tierra, a todas las aves del cielo y a todos los seres vivientes que se arrastran por la tierra." Y así sucedió.

Dios miró todo lo que había hecho, y consideró que era muy bueno. Y vino la noche, y llegó la mañana: ése fue el sexto día.

—Génesis 1:26-31

El sexto día, Dios creó a los seres humanos a su imagen. "Imagen" trate a la mente la idea de un reflejo en el espejo o un retrato reflejando la imagen de alguien. Si una fotografía tomada por un fotógrafo muestra el rostro de una persona, decimos que es una buena imagen o retrato de alguien. Cuando Moisés escribió por primera vez estas palabras, sin embargo, no había espejos ni pintores de retratos, ni laboratorios de fotografía. En aquellos días, una persona tenía la idea de cómo lucía mirando a otros. Pero este no es el significado de "imagen" en Génesis 1. Una palabra mejor sería "impresión" o "huella". Dios dejo su huella en nosotros cuando nos hizo del barro. Tenemos una impresión en nosotros que sólo la mano de Dios puede llenar. Desde la caída nos hemos estado alejando del alcance de Dios, tratando de llenar las huellas con todo tipo de reparaciones insuficientes.

> Dios dejo su huella en nosotros cuando nos hizo del barro.

¿Ha visto los colchones de memoria de goma espuma? Cuando se acuesta sobre el colchón, la impresión de su cuerpo continua allí por algún tiempo después que usted ya se ha levantado. El colchón recuerda la impresión que su cuerpo hace. Esta es una impresión que sólo puede ser llenada por el cuerpo que la hizo. Puede encontrar almohadas de memoria que recuerdan la forma de su cuello, incluso pantuflas de memoria que recuerdan la impresión de sus pies y sólo los suyos.

Tenemos en nuestras vidas una impresión que sólo puede ser llenada por la mano que la hizo. La diferencia es que la impresión que Dios puso en nosotros nunca se borra.

HECHOS PARA TRABAJAR

Vivir una vida fructífera es ser como Dios, reflejar la imagen que hay en nosotros para ser creadores, para ser inventivos, para producir algo.

Al llegar el séptimo día, Dios descansó porque había terminado la obra que había emprendido... Dios el SEÑOR tomó al hombre y lo puso en el jardín del Edén para que lo cultivara y lo cuidara.

—Génesis 2:2, 15

Cuando el día comenzó a refrescar, oyeron el hombre y la mujer que Dios andaba recorriendo el jardín; entonces corrieron a esconderse entre los árboles, para que Dios no los viera. Pero Dios el SEÑOR llamó al hombre y le dijo: ¿Dónde estás?

—Génesis 3:8, 9

En el frescor de la tarde, Dios camina en el jardín que había creado. Deseaba la compañía de la corona de su creación, Adán y Eva. Recuerde, Adán y Eva habían estado trabajando todo el día. Ahora Dios los invita a dejar su trabajo y descansar con él. Estos versículos parecen indicar que este era un evento regular, una rutina en sus vidas diarias. Al final del día el Señor aparecía y esperaba que sus seres queridos dieran un paseo con él. Dios se hace visible y audible a sí mismo cada tarde para que Adán y Eva pudieran sentirse conectados con su Padre. Dios les da un diario recordatorio de que su mano llena la impresión en cada uno de ellos. Así debía de ser entre el Creador y lo creado desde el comienzo de los tiempos.

Este tiempo de descanso y retiro que seguía a un día de trabajo no era opcional, un evento del tipo "si tienes tiempo hazlo, pero sí no es así, no te preocupes". Fue puesto en nosotros como una parte natural de nuestra existencia. Es la manera en que Dios nos creó para vivir.

Pero una tarde nuestros primeros antepasados no se presentaron. Adán y Eva decidieron ir solos aquel día, sin la mano de Dios en sus vidas. Dios les había dado instrucciones de cómo debían vivir en el jardín, pero ellos escogieron reescribir las instrucciones. Habían pecado, y lo sabían. Luego se escondieron de la única mano que podía llenarlos y hacerlos completos.

Después de una confrontación con Dios, Adán y Eva son maldecidos con trabajar entre espinos y cardos, sudando en el calor del trabajo agotador. Pero así no se suponía que debía de ser. El trabajo en sí mismo no es una maldición.

Esto nos lleva a varias conclusiones.

El desempleo hace que nuestras vidas caigan por debajo de lo que es estándar.

Cuando una persona queda desempleada es como si la persona hubiera caído del llamado dado por Dios a llevar una vida productiva. Por esto que las personas sufren tanto cuando pierden sus trabajos. El centro de productividad y rendimiento en sus vidas se pierde, es como si dejaran de ser completamente humanos. No es de extrañar que la depresión acompañe frecuentemente al desempleo.

No existe tal cosa como la jubilación

Si usted abandona su trabajo voluntariamente, no pasará mucho tiempo antes de que sienta el inicio de la depresión. Ninguna cantidad de golf o pesca puede tomar el lugar de ser fructífero. Y ni hablar de pasarse todo el día sentado frente al televisor. Si usted detiene toda actividad productiva en su vida, usted se aleja del llamado diseñado por Dios. No podrá tener una vida exitosa como ser humano. ¿Cree que estamos exagerando? Piense en las personas que ha conocido o de las que ha escuchado que han muerto al año o dos de haberse jubilado porque dejaron de ser productivos.

Debe haber trabajo en el cielo

Si estaba contando con que estaría sentado en un servicio eterno de adoración y alabanza, lo siento por usted. Hubo trabajo antes de la caída del hombre, y por lo tanto debe haberlo también después de la redención. Esta vida es un pálido reflejo de la vida real que está por venir.

El trabajo es una parte estratégica de la existencia humana. Debemos tener vidas productivas o estaremos apartados del llamado dado por Dios y del estándar básico de la humanidad. Fuimos creados en el sexto día de la creación para trabajar. Pero, más importante aún, fue lo que sucedió en el séptimo día.

Capítulo 7

El Séptimo Día

*D*ios creó al hombre y a la mujer en el sexto día. Los puso en un jardín lleno de criaturas silvestres y hermosas y alimentos deliciosos para comer. Les ordenó cuidar de los animales y las plantas que había en el jardín. Les ordenó ser fructíferos, y no se refería tan sólo a tener bebés.

Pero en el primer día completo de existencia de Adán y Eva, Dios descansó. Así que Adán y Eva también. Toda la creación tuvo un bien merecido cese de actividades. Este fue nuestro primer día como seres humanos, un día de descanso. Después de de un día atareado de ser creados, la siguiente cosa que hicimos fue pasar el tiempo con Dios por todo un día. Luego, el trabajo comenzó. Sólo tenemos que leer la primera página de la historia para ver esto.

> Descansamos para trabajar, y no trabajamos para descansar.

Aquí vemos un importante principio de vida: descansamos para trabajar, y no trabajamos para descansar.

De Aquí Para Allá

El descanso es el sano punto de partida para nosotros. Recuerde, somos seres humanos, no hacedores humanos. Dios estableció este orden para nosotros: descanso, luego trabajo. Pero nosotros lo hemos invertido. Nos enorgullecemos de nuestra fuerte ética del trabajo, incluso haciendo de ésta una señal de rectitud.

¿Ha leído últimamente la historia de Elías? Tenemos aquí a un hombre que es la misma definición de un ministerio profético. Él es la personificación de los profetas. Es el portavoz escogido por Dios durante el reinado de Acab, uno de los reyes más malvados de Israel. Así que Elías no es un personaje insignificante. Tenía mucho trabajo por hacer.

Para comenzar su trabajo maravilloso, Dios envía a Elías a Acab para decirle básicamente lo siguiente: "Dejará de llover por tres años y no volverá a llover hasta que yo lo diga" (1 Reyes 17). Si alguien le dijera algo como esto, usted pensaría "Este hombre está loco".

Podríamos pensar que Elías tendría que prepararse para enfrentar tiempos difíciles. Acab haría caso omiso de la advertencia, y Elías tendría que repetir su mensaje y ser el hombre de Dios del momento.

Pero esto no fue lo que sucedió. Dios le dijo a Elías: "Ve y escóndete. Yo cuidaré de ti".

¿Qué? Eso mismo. Dios envía a Elías a una temporada de descanso antes del período principal de su trabajo profético.

La verdadera señal de rectitud —imitar a Dios— es moldear nuestras vidas a imagen de él. Para Dios el descanso es vital. De hecho, descansar de nuestras actividades está incluido entre los 10 mandamientos principales de Dios. El Señor habla claramente esto. Dios dice, "No matarás" y nosotros decimos, "Está bien, eso es justo". Él dice, "No hurtarás" y nosotros decimos, "Bien, no hay problema". Él dice, "Descansa un día" y nosotros decimos, "¿Qué? ¿Y eso sale entre los grandes mandamientos?". El mandamiento de mantener el día de reposo está justo allí, tal como lo están "No matarás", "No hurtarás" y "No cometerás adulterio". En otras palabras, ser un adicto al trabajo es, para Dios, tan malo como ser un asesino o un adúltero. El descanso no es opcional si deseamos seguir el estilo de vida de un discípulo.

Puesto que nuestra primera experiencia como seres creados con nuestro Creador fue un día de descanso, debemos comenzar desde un lugar de descanso para cumplir nuestro llamado a ser fructíferos. Descansar en Dios —permanecer en su presencia– es la única forma en que podemos ser exitosos en lo que él nos ha llamado a hacer.

Todos sabemos lo ocupados que pueden ser los fines de semana, especialmente cuando se tienen tres niños. Siempre hay algo por hacer. Todo, desde deportes hasta juegos escolares, desde la limpieza de la casa hasta el trabajo del jardín, desde las compras hasta las actividades de la iglesia, etc. Con todas estas actividades, y el hecho de que estuve trabajando tiempo completo durante toda la semana, sabía que mis hijos sentirían que jamás tendrían la oportunidad de sólo sentarse y *estar* junto a mí. Así que, cuando eran pequeños, comencé a reservar citas de desayuno con ellos. Cada sábado en la mañana, llevaba a desayunar fuera a uno de ellos. Esto se volvió una costumbre familiar por muchos años a medida que los niños crecían. En medio de la actividad implacable, siempre encontramos tiempo para estar juntos, para conocernos y para aprender el uno del otro. Este tiempo se volvió tan importante para nosotros a través de los años que no tengo duda alguna de que mis hijos experimentarán la misma alegría de descansar con sus hijos que tuve yo con ellos.

—UN PADRE OCUPADO

¿Cuándo fue la última vez que usted pautó un día de descanso y relajación en su calendario antes que cualquier otra cosa?

Por otra parte, ¿cuándo fue la última vez que canceló un día de descanso y relajación a favor de una reunión o actividad de trabajo, u ocupó un día de descanso con tantas actividades que no pudo ni tan siquiera descansar un poco?

> El descanso no es opcional si deseamos seguir el estilo de vida de un discípulo.

Usted se encuentra presionado para ser exitoso en su trabajo. Se encuentra envuelto en ministerios en su iglesia que son importantes para usted. Trata de construir relaciones con sus vecinos no creyentes. Desea que sus propios hijos crezcan para ser discípulos. Usted corre de los juegos de fútbol a las lecciones de piano, y de éstas a las reuniones de la oficialidad de la iglesia.

¡Usted está ocupado en el trabajo del reino! Eso es bueno, se supone que debe ser fructífero. El crecimiento es una señal de vida. Pero para poder ser productivo de la manera en que Dios quiere que usted sea, debe vivir al ritmo del Semicírculo.

PRODUCTIVIDAD Y PERMANENCIA

Imagine un péndulo balanceándose rítmicamente, de aquí para allá, de un lado al otro. La figura creada por el balanceo del péndulo es un semicírculo. En un extremo del arco del péndulo se encuentra la Productividad. En el otro extremo, la Permanencia. No podemos tener la una sin la otra. Permanecemos en Cristo, luego llevamos fruto. Llevamos fruto, luego somos podados y entramos en un tiempo de permanecer en él. Descanso. Trabajo. Trabajo. Descanso.

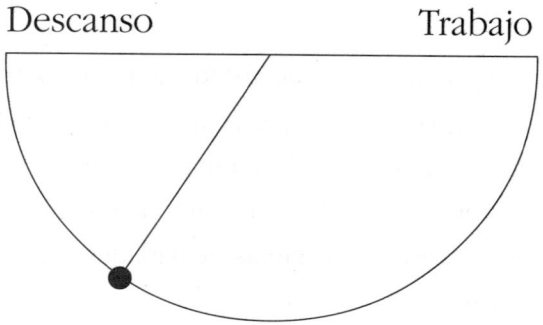

Descanso   Trabajo

Yo soy la vid verdadera, y mi Padre es el labrador. Toda rama que en mí no da fruto, la corta; pero toda rama que da fruto la poda para que dé más fruto todavía. Ustedes ya están limpios por la palabra que les he comunicado. Permanezcan en mí, y yo permaneceré en ustedes. Así como ninguna rama puede dar fruto por sí misma, sino que tiene que permanecer en la vid, así tampoco ustedes pueden dar fruto si no permanecen en mí.

Yo soy la vid y ustedes son las ramas. El que permanece en mí, como yo en él, dará mucho fruto; separados de mí no pueden ustedes hacer nada. El que no permanece en mí es desechado y se seca, como las ramas que se recogen, se arrojan al fuego y se queman. Si permanecen en mí y mis palabras permanecen en ustedes, pidan lo que quieran, y se les concederá. Mi Padre es glorificado cuando ustedes dan mucho fruto y muestran así que son mis discípulos.

—Juan 15:1-8

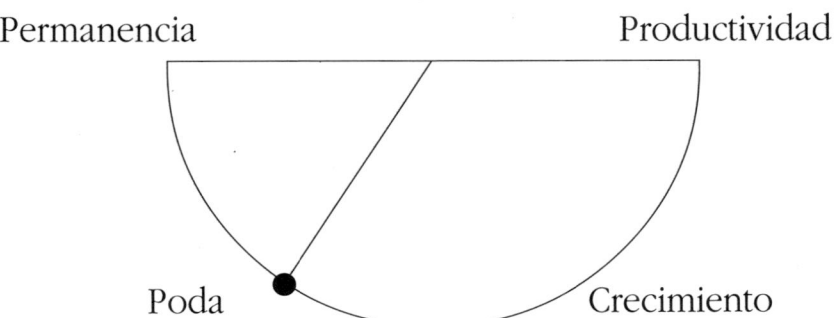

La productividad ocurre por etapas y épocas: permanecer, llevar fruto, podar, permanecer. Este es el ritmo del péndulo oscilante, el Semicírculo. Todo se trata de coordinación. No podemos llevar fruto si no permanecemos un tiempo en descanso. Pero no podemos simplemente mantenernos

No podemos llevar fruto si no permanecemos un tiempo en desanso.

indefinidamente en el modo Permanecer; pues una rama que eventualmente no produce fruto será cortada y lanzada al fuego.

En ninguna parte de este pasaje se menciona al crecimiento. Sin embargo, el crecimiento parece ser el resultado de un ritmo adecuado. El crecimiento no es lo mismo que llevar fruto. Algunas veces confundimos el crecimiento espiritual con el fruto en sí mismo. Este no es el caso. Debemos crecer antes de que podamos ver el fruto. Un manzano recién plantado, por ejemplo, no produce fruto durante tres años. La vid es podada intencionalmente y forzada a *no* dar fruto durante dos o tres años para que su sistema de raíces se establezca. El crecimiento debe suceder antes de que el fruto sea producido. Y el crecimiento viene de saber cómo permanecer.

Mi esposa Rally y yo tenemos tres hijos pequeños y una hija adoptiva adolescente. Como si no hubiera caos suficiente, vivíamos y ministrábamos en un área del centro de Londres que tenía todas las grandes necesidades asociadas con el trabajo urbano. La iglesia en la que servíamos atravesaba un tiempo de increíble presión. En medio de esto, nos aseguramos de crear orden y regularidad para la familia. Rally preparaba la mesa para el desayuno la noche anterior, y cada día teníamos juntos las tres comidas. Los momentos de la comida en familia terminaron siendo puntos de retiro en tiempos de batalla, eran el lugar en donde siempre podíamos encontrar descanso.

—MIKE

TIEMPO DE LA PODA

Para la época en que Jesús tomó forma humana, una vid era cultivada, se la plantaba y luego se la dejaba crecer por tres años antes de que se le permitiera producir frutos. Cada vez que la vid trataba de producir un racimo de uvas, el jardinero lo cortaba. Después del tercer año, se le permitía a las uvas crecer libremente. Para entonces, las ramas serían suficientemente fuertes como para soportar el peso de las uvas sin romperse. Después de la cosecha, las ramas eran podadas para darles un tiempo de nutrición y descanso antes de que la estación de crecimiento de los frutos comenzara de nuevo.

Dar fruto es la cosa más natural en el mundo para una rama. No lo hace presionando para extraer la uva. Mirando nuestras vidas, sin embargo, pareciera que producir fruto —hacer discípulos— fuera una cosa extenuante. Si producir fruto no es algo que sucede naturalmente en nuestras vidas, ¿podría ser que no hayamos tenido el tiempo suficiente de permanencia? La

> ¿No se supone que debemos trabajar con todas nuestras fuerzas por el reino? En una palabra, no.

poda no es la parte alegre de la vida. ¿Cuándo fue la última vez que vio en la iglesia un aviso que anunciara "40 días de Poda", o escuchó sobre un pequeño grupo tratando el tema "Pódese a usted mismo para una vida mejor"? Si una vid no es podada regularmente, las ramas crecen delgadas y débiles. Las ramas necesitan de un período de descanso, de permanencia, para ganar fuerzas para su período de crecimiento.

Necesitamos aprender cuándo es nuestra estación de poda. Esto puede parecer improductivo al principio. Después de todo, ¿no se supone que debemos trabajar con todas nuestras fuerzas por el reino? En una palabra, no. Se supone que debemos moldear nuestras vidas a imagen de Cristo. (Veremos ejemplos bíblicos del Semicírculo en el próximo capítulo). Dios no se impresiona por nuestra energía y determinación, él desea vernos vivir de la manera que él quiso para nosotros, de la manera en que produciremos el fruto que el desea que produzcamos.

La permanencia nos permite crecer. El crecimiento nos permite producir fruto. Una vez que producimos fruto, somos podados. Este es el modelo del Semicírculo. Cuando el Señor le lleve a un tiempo de poda y permanencia, no se oponga. Encontrará gracia en el lugar de permanencia y descanso.

CAPÍTULO 8

ENCUENTRE TIEMPO PARA DESCANSAR

*E*n medio de nuestras actividades frenéticas, pareciera que siempre estamos tratando de "programar" unos pocos minutos de descanso. Trabajamos hasta desfallecer, y nos convencemos a nosotros mismos de que tomaremos luego unas cuantas horas libres o incluso un día entero y estaremos listos para proseguir de nuevo. Pero, ¿es esta la mejor forma de descansar? O ¿es esto en realidad descanso? ¿Podría ser que debido a nuestros hábitos de trabajo nos estemos volviendo emocional, física y espiritualmente agotados hacedores humanos? En este punto, ¿qué tan productivos llegaremos a ser en realidad?

Jesús nos enseñó algo muy diferente. La vida —la vida real, verdadera y abundante— sólo viene como resultado de vivir al ritmo natural con el cual fuimos creados.

Usamos el Semicírculo como una herramienta para comprender el equilibrio entre el descanso y el trabajo debido a la imagen visual que obtenemos de un péndulo oscilante. Existe un ritmo preciso en esta imagen que puede ayudar a cada uno de nosotros a encontrar la mejor forma de descansar.

¿INTROVERTIDO O EXTROVERTIDO?

¿Qué le relaja? ¿Qué le proporciona energías renovadas?

Antes de comenzar a practicar el ritmo del Semicírculo, es importante que descubra cómo descansa usted. No todos descansamos de la misma forma. Reconocer si usted es una persona introvertida o extrovertida es el primer paso para saber su forma de descansar. Las personas introvertidas y extrovertidas se refrescan y recobran energías por medio de diferentes tipos de descanso.

Introvertidos y extrovertidos procesan la información de manera diferente. Por ejemplo, los extrovertidos piensan al hablar. No pueden procesar la información sin lanzar sus pensamientos a otra persona. Les encanta desarrollar ideas brillantes pensando en voz alta. Los extrovertidos gustosamente improvisarán, hablando sin notas por largos períodos de tiempo. La idea de un extrovertido sobre un fin de semana de relajación incluiría amigos entretenidos, una fiesta, o planificar un ruidoso juego con muchos participantes.

> Hallamos gracia al ser lo que Dios quiso que fuéramos.

Por el otro lado, las personas introvertidas procesan la información de manera interna. Si usted comunica una nueva idea a un introvertido, lo más probable es que necesite uno o dos días para pensar en ella antes de que le de su opinión. Por lo general son las personas silenciosas en reuniones o grupos pequeños mientras se sientan y procesan lo que están escuchando. Los introvertidos son con frecuencia personas creativas —escritores, pintores, compositores— que desarrollan su mejor arte mientras están a solas. Un fin de semana de relajación para un introvertido puede incluir bajar las persianas, alquilar una o dos cintas de video y seleccionar un buen libro para leer.

Cuando se trata de saber cómo descansar, comprender cómo Dios nos creó es de vital importancia. Si usted es una persona extrovertida, no espere sentirse refrescado después de pasar una tarde tranquila usted solo. Usted suspirará por interacción con otros, y pueda que incluso se sienta aun más agotado después de estar sin ningún tipo de contacto humano. Por supuesto, debemos apartar tiempo para estar a solas con el Señor. Y a medida que lo conocemos más íntimamente, estos momentos serán los más refrescantes de todos. Pero hallamos gracia al ser lo que Dios quiso que fuéramos. Si una comida al aire libre con amigos es su forma de relajarse, no dude en encender la parrilla. Si usted es una persona introvertida, no se sienta culpable al declinar una invitación a una parrillada. Usted sabe que la mejor forma en la que puede relajarse es estar a solas por un tiempo. Los extrovertidos extremos y los introvertidos extremos son los puntos más lejanos en un continuum, y todos nosotros estamos en diferentes puntos en la escala. Es importante saber cuál es su punto y descubrir la mejor forma para usted de descansar.

Ritmo En Todos Los Niveles

La intención de Dios es que tengamos ritmo en todos los niveles de nuestras vidas.

Los días

Cada día necesita una estructura que le permita descansar y trabajar, invertir en relaciones y recreación. Tenemos que ejercitar un modelo sano que esté acorde con las circunstancias de nuestras vidas. Todas las personas no están sujetas a las mismas circunstancias. A medida que pone en práctica su propia estructura, encontrará que este marco es el orden de su día. Es de gran ayuda para nuestra disciplina personal mantener un equilibrio entre la actividad y el descanso.

Las semanas

Los siete días de la semana dan el siguiente nivel de ritmo. Esto involucra al menos un día de descanso y otros para el trabajo. Nuestras rutinas semanales deberían dejar espacio para los miembros de la familia, la iglesia y el prójimo que Dios nos llama a amar como a nosotros mismos.

Los meses

Estos períodos de tiempo más largos nos dan una oportunidad más amplia para ver el Semicírculo en acción. Con períodos de varias semanas o un mes, usted puede alejarse y comenzar a ver el gran cuadro de su vida. Nuevamente, debemos hacer un esfuerzo conciente por planificar y establecer los modelos bíblicos de trabajo y descanso para evitar que todo termine en una aburrida rutina. Programe períodos regulares de celebración y retiro, para que no se le olviden.

Las estaciones

Son las etapas de la vida que nos permiten descansar por largos períodos de tiempo o a intervalos regulares. Así como Dios puso las estaciones dentro de su creación, también colocó estaciones en nuestras vidas. Las estaciones incluyen la adolescencia y la adultez; la soltería y el matrimonio; la paternidad y el nido vacío. Algunas estaciones, como trabajar en un nuevo empleo o carrera, pueden requerir más de su tiempo que otras, como trabajar en el mismo empleo por varios años. En cada una de las estaciones, debe encontrar tiempo para descansar y tiempo para trabajar.

C uando era joven y una muchacha soltera, viví en una casa con otras dos mujeres, Deb y Terri. Éramos muy cercanas y valorábamos mucho la amistad que habíamos desarrollado entre nosotras. Terri es enfermera y cada seis u ocho semanas trabajaba en una rotación de dos semanas de guardias nocturnas. Cuando esto sucedía, toda la casa pasaba a tener guardia nocturna, para poder hablar. Para asegurarnos de que Terri no se sintiera aislada durante esos días, Deb y yo planificábamos las comidas según su horario, incluso si esto significaba desayunar a las 4:00 de la tarde. Cambiábamos nuestros ritmos de vida para adaptarnos al de Terri. Además, todas contribuíamos para el fondo de los víveres. Utilizábamos lo que sobraba a final de mes para ir a comer fuera todas juntas, otra rutina con la cual podíamos contar para estar conectadas. Ninguno de estos esfuerzos

requería mucha energía ni causaron sustanciales inconvenientes. Sin embargo, el impacto de nuestra decisión fue significativo al ayudarnos a mantener una amistad duradera y profunda.

—*JAMIE*

El Ritmo De Jesús

Jesús tenía un ritmo de vida. Él sabía como organizar su tiempo para mantener un equilibrio entre pasar tiempo son su Padre y realizar el trabajo del Reino.

Jesús descansó durante períodos extensos de retiro

*En seguida el Espíritu lo impulsó a ir al desierto, y allí fue *tentado por Satanás durante cuarenta días. Estaba entre las fieras, y los ángeles le servían.*

—Marcos 1:12, 13

Jesús acababa de ser bautizado por Juan el Bautista. Cuando subió de las aguas, los cielos se abrieron y el Espíritu se posó sobre él en la forma de una paloma. Dios dijo: "Tú eres mi Hijo amado" (Marcos 1:11).

Después de esta experiencia, usted podría pensar que Jesús estaba listo para iniciar su ministerio público. Después de todo, ya llevaba esperando unos 30 años por esto. Manos a la obra. Pero esto no fue lo que pasó.

Antes de que Jesús comenzara su ministerio, se fue al desierto por 40 días en donde fue tentado por Satanás, pero venció fortaleciéndose en el Espíritu. Esta solo, lejos de la gente, pasando tiempo con Dios. Él sabía exactamente lo que tenía que hacer. Sabía en dónde debía comenzar. Jesús pasó tiempo a solas con su Padre. La primera cosa que hizo Jesús antes de comenzar su ministerio fue estar en retiro.

Jesús salió del desierto lleno del Espíritu Santo. ¿Qué nos dice esto? Que todos necesitamos tiempo de retiro largo, descansar en la presencia de Dios, enfocarnos en él. Al igual que Jesús, al comienzo de un nuevo ministerio, trabajo o fase en nuestras vidas, debemos pasar tiempo concentrado recibiendo poder y fuerzas del Padre.

Jesús tenía períodos diarios regulares de descanso tranquilo con el Señor

Muy de madrugada, cuando todavía estaba oscuro, Jesús se levantó, salió de la casa y se fue a un lugar solitario, donde se puso a orar. Simón y sus compañeros salieron a buscarlo. Por fin lo encontraron y le dijeron:
—Todo el mundo te busca.
Jesús respondió: —Vámonos de aquí a otras aldeas cercanas donde también pueda predicar; para esto he venido.
Así que recorrió toda Galilea, predicando en las sinagogas y expulsando demonios.

—Marcos 1:35-39

Jesús había terminado un atareado día de ministerio, sanando a gente enferma, expulsando demonios, haciendo todo tipo de cosas maravillosas. Todo esto lo había hecho públicamente, y la gente estaba naturalmente impresionada. A la mañana siguiente, la gente ya estaba buscándolo. Querían ver más, oír más. Podríamos pensar que este es el momento oportuno para mantener la atención, continuar con el trabajo mientras el interés era alto.

No confundamos el ministerio de Jesús con una campaña presidencial. Jesús estaba a punto de comenzar su segundo día de ministerio. A pesar de la multitud que se había reunido ya, Jesús se levantó temprano para escabullirse. Se levantó de madrugada para ir a un lugar solitario a orar. Antes de hacer cualquier otra cosa, antes de comenzar su día, él descansó en la presencia de su Padre y habló con él.

Jesús enseñó a sus discípulos sobre el descanso

Los apóstoles se reunieron con Jesús y le contaron lo que habían hecho y enseñado. Y como no tenían tiempo ni para comer, pues era tanta la gente que iba y venía, Jesús les dijo: —Vengan conmigo ustedes solos a un lugar tranquilo y descansen un poco. Así que se fueron solos en la barca a un lugar solitario.

—Marcos 6:30-32

Cuando miramos el modelo de vida que los discípulos comenzaron a desarrollar, se hace claro que Jesús estaba tratando de enseñarles la misma cosa. En este pasaje, los discípulos se reunieron alrededor de Jesús para contarle todas cosas que habían hecho, después de haber sido enviados en Marcos 6:7. Era tanta la gente que iba y venía que no habían tenido tiempo tan siquiera de comer. Jesús les dijo a sus discípulos que lo siguieran a un lugar tranquilo donde pudieran comer y descansar. Todo esto sucedió en medio de lo que pudiéramos llamar un avivamiento. Podemos estar tentados a "aprovechar el día" y hacer lo más posible por reunir multitudes. Sin embargo, Jesús dio prioridad al descanso. Debemos seguir su estilo de vida.

Considere su propio estilo de vida. ¿Descansar usted para trabajar o trabaja para descansar? ¿Qué hace para mantener un ritmo de Permanencia y Productividad?

Jesús es el mismo ayer, hoy y siempre. Esto quiere decir que él está haciendo hoy las mismas cosas que hizo con sus primeros discípulos. Él nos enseña. Él nos capacita. Él nos ayuda a aprender cómo ser como él. Él nos ayuda a aprender a descansar para trabajar.

CAPÍTULO 9

CAMINE CON NOSOTROS

*C*aminar tiene reglas?

La caminata rápida sí. Se debe llevar una cierta velocidad mínima, se debe tener un pie sobre el suelo todo el tiempo, los brazos tienen que balancearse en relación a lo que los pies están haciendo.

Por supuesto, no todos hacen caminata rápida. Algunas personas hacen caminata de compras. En este caso, las reglas marcan que debe seguir la forma externa del centro comercial y que se puede detener para entrar en cualquiera de las tiendas.

Luego tenemos a la caminadora. Para usar adecuadamente esta máquina, usted debe saber su número de latidos por minuto cuando está en descanso y calcular cuál sería su número máximo de latidos por minuto de acuerdo con su edad y género, y encontrar la velocidad que lo llevaría a alcanzar esta frecuencia.

¿En qué momento se volvió tan complicado caminar?

Cuando Jesús estuvo en la tierra, caminar era la forma más común de transportación. Cuando alguien derrochaba en un vehículo, lo hacía en un burro. Cuando se caminaba con alguien, se compartía la vida con él. Cada uno llevaba la carga del otro, se conocían entre sí, nacían vínculos.

Así que, ¿cuál es la idea de Dios de una caminata rápida?

¿Y qué es lo que demanda el SEÑOR de ti, sino sólo practicar la justi-cia, amar la misericordia y andar humildemente con tu Dios?

—Miqueas 6:8 LBA

Tenemos aquí, en un versículo, la suma de lo que Dios espera de nosotros como seguidores de Jesús. Es una serie de relaciones de tres lados: Arriba, Dentro y Fuera.

Fuera: "Practicar la justicia"

Dentro: "Amar la misericordia"

Arriba: "Andar humildemente con tu Dios"

Jesús, nuestra brújula en este viaje, condujo su vida de acuerdo a tres relaciones. Arriba, con su Padre. Dentro, con sus seguidores escogidos. Fuera, con el mundo herido a su alrededor. Vemos estas tres dimensiones de su estilo de vida en el siguiente pasaje:

Por aquel tiempo se fue Jesús a la montaña a orar, y pasó toda la noche en oración a Dios. Al llegar la mañana, llamó a sus discípulos y escogió a doce de ellos, a los que nombró apóstoles: Simón (a quien llamó Pedro), su hermano Andrés, Jacobo, Juan, Felipe, Bartolomé, Mateo, To-más, Jacobo hijo de Alfeo, Simón, al que llamaban el Zelote, Judas hijo de Jacobo, y Judas Iscariote, que llegó a ser el traidor.

Luego bajó con ellos y se detuvo en un llano. Había allí una gran multitud de sus discípulos y mucha gente de toda Judea, de Jerusalén y de la costa de Tiro y Sidón, que habían llegado para oírlo y para que los sanara de sus enfermedades. Los que eran atormentados por espíritus malignos quedaban liberados; así que toda la gente procuraba tocarlo, porque de él salía poder que sanaba a todos.

Él entonces dirigió la mirada a sus discípulos y dijo: «Dichosos uste-des los pobres, porque el reino de Dios les pertenece".

—Lucas 6:12-20

¿Puede ver el Arriba, Dentro y Fuera en este pasaje de la vida de Jesús? Jesús comienza orando, luego llama a sus discípulos, yendo después con ellos a la multitud que necesitaba su ayuda.

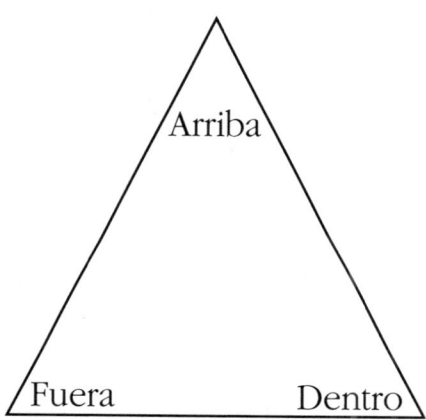

Tener una relación con otras personas –aquellos de los cuales somos cercanos, o aquellos que son básicamente extraños para nosotros— es algo que al menos podemos imaginar. Después de todo, los podemos ver y oír; son seres humanos como nosotros. Pero, ¿cómo tenemos una relación verdadera con Dios todopoderoso? ¿Cómo –de manera práctica y real—podemos experimentar la relación Arriba del Triángulo?

Caminamos. Este es un tipo completamente diferente de caminata rápida.

ANDAR HUMILDEMENTE CON TU DIOS

Caminar con Dios ilustra la relación ideal que podemos tener con nuestro Creador. Adán camina con Dios en el frescor de la tarde en el jardín. Enoc camina con Dios y es llevado directo al cielo. (Algunos han imaginado esto como que Dios y Enoc van caminando juntos, y Dios le dice a Enoc: "Mira, estamos más cerca de mi casa que de la tuya, vayamos mejor a mi casa". ¡Suena bien para nosotros!) Cuando Jesús llama a sus discípulos, los invita a caminar con él. "Vengan, síganme" (Marcos 1:17). Jesús está caminando, y nosotros con él.

Note que Miqueas no dice: "*hablar* humildemente con tu Dios". De alguna forma, hemos reducido la dimensión ascendente de la relación a sólo hablar y escuchar a Dios. Si nuestra relación con otra persona, especialmente con alguien significativo en nuestras vidas, se definiera solamente por hablar con esa persona, sería una relación muy limitada. El pasar tiempo juntos y el compañerismo son importantes.

Esto mismo es válido en nuestra relación ascendente con Dios. Debe ser más que sólo tiempo de oración. Necesitamos vivir con él.

Jesús dijo que él no podía hacer nada por sí mismo, sólo lo que había visto hacer al Padre (Juan 5:19). Jesús había visto trabajar al Padre. ¿Cómo? Pasando tiempo con el Padre. No podemos ver lo que otra persona hace a menos que estemos con esa persona. Jesús habla de manera personal e íntima sobre su Padre; en términos muy cercanos los dos. Jesús caminó con su Padre mientras estuvo aquí en la tierra, y ahora somos nosotros quienes tenemos una invitación a caminar con Dios el Padre y Jesucristo.

Cuando en la antigüedad la gente deseaba ir a algún lado, lo hacían caminando. Caminar con alguien significa pasar tiempo con esa persona. Si usted hubiera sido un discípulo de Jesús en aquellos días, habría pasado gran parte de su tiempo caminando con Jesús por las vías polvorientas, hablando por el camino. Se habría detenido en una posada a la hora del almuerzo para comer con Jesús. Habría ido de compras al mercado con Jesús. Cuando llovía, se habría refugiado con Jesús bajo un refugio con Jesús. En otras palabras, habría vivido cada parte de su vida con Jesús.

Esto es lo que queremos decir con seguir a Jesús como su discípulo. Esta no es una actividad religiosa. No es algo que sólo haga los domingos en la iglesia. Jesús es real, es una persona viva. Caminar con él es una acción real. Involucra cada parte de nuestra vida, no sólo nuestra naturaleza interna o "espiritual". Así que, a medida que exploramos el aspecto ascendente (Arriba) del Triángulo, buscamos expresiones netamente prácticas de esta relación.

DIOS LLAMA, NOSOTROS RESPONDEMOS

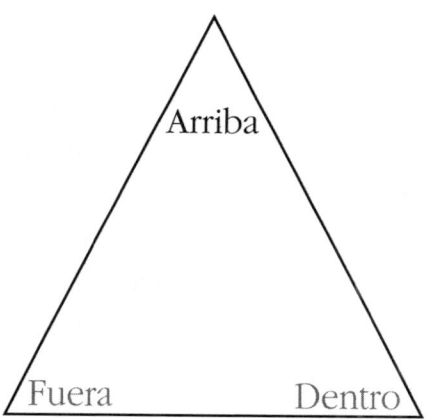

Cuando considere la relación Arriba, tenga en mente que usted no es el promotor de la relación. Usted no tiene que trabajar para mantener viva la relación. Cada vez que ora, usted está simplemente respondiendo al llamado de Dios a su corazón. Dios es siempre el promotor en nuestra relación con él. Quizás usted se sienta agobiado por alguna situación y vaya a Dios en oración. ¿Pudiera ser que Dios haya iniciado la serie de circunstancias que lo llevaron a sentirse oprimido y le hicieron finalmente hincarse de rodillas? Por supuesto que es posible. Cuando oramos, siempre estamos respondiendo al llamado de Dios.

Lo mismo aplica cuando alabamos al Señor. Respondemos a los eventos que Dios trae a nuestras vidas. Cuando damos regalos a Dios, respondemos a los regalos que él nos ha dado. Este es siempre el modelo: Dios inicia, nosotros respondemos.

La mayoría de las personas, cuando son honestas, admiten que tienen problemas para mantener regularmente "períodos de quietud" con el modo acelerado en el que vivimos. Una madre con hijos pequeños que no duermen durante la noche, no ve el punto de levantarse una hora antes que el resto de la familia para tener un tiempo tranquilo. El esposo que cuida de una esposa que sufre el mal de Alzheimer, difícilmente se atreve a cerrar sus ojos para orar durante la comida, mucho menos durante 30 minutos de soledad. Algunos de nosotros llevamos una vida tan agitada debido a las exigencias legítimas de nuestras vidas que se nos hace difícil saber cómo bajar la velocidad. Necesitamos apartar tiempo para estar con Dios, y esto no será igual para todas las personas.

> Cada vez que ora, usted está simplemente respondiendo al llamado de Dios a su corazón.

¿Por qué no tener períodos de tiempo cortos especiales con Dios? Quizás durante las mañanas cuando va a buscar el periódico o el correo, podría hacer que este tiempo que usted camina sea para estar con Dios. "¿Cómo va todo, Padre? ¿Has tenido un buen día? Yo sí. Aunque, tengo que decirte que el día de hoy lo has hecho más frío que de costumbre". Cuando necesite descansar un poco de su trabajo, en lugar de bajar las escaleras directo a la máquina de las golosinas, de un par de vueltas por los pasillos del edificio y emplee este tiempo para hablar con Dios. Cuando esté recogiendo las hojas de su jardín, hable en voz alta con Dios. Cuando esté arrullando y meciendo a su bebé en medio de la noche, esté con Dios en la quietud. Haga de aquellos temibles largos viajes al trabajo un momento para cantar alabanzas en voz alta.

Si estamos en una relación verdadera con él, ¿incluiría esto también nuestra vida "normal" así como aquellos momentos que apartamos como espirituales?

Hace algunos años se me acercó (Mike) una joven mujer que atravesaba momentos difíciles. Esta teniendo problemas para encontrar tiempo para orar y leer la Biblia.

"Bienvenida al club", le dije. "Bien hecho, usted ha señalado un problema que muchos de nosotros tenemos".

"Pero, ¿qué debo hacer?", me preguntó.

"No pensemos en "momentos tranquilos" justo ahora. Dígame, ¿qué le gusta hacer? ¿Cuál es la actividad que más disfruta hacer?"

Me respondió, para mi sorpresa, "Piragüismo, me encanta". Podría haber pensado sobre esto por docenas de años y jamás habría adivinado que su actividad favorita era viajar en canoa. Pero use esto y le dije que no se preocupara sobre orar o leer su Biblia la próxima semana.

"En lugar de esto", le sugerí, "invite a Dios a un viaje de piragüismo con usted esta semana. Deje que Jesús vaya con usted en su canoa".

Cuando la vi un par de semanas después, la joven lucía radiante.

"¡Últimamente he tenido los más grandes momentos de quietud! Jesús y yo en mi canoa, ¡es grandioso! Y esto se extiende por el resto del día. A veces, después de que hacemos piragüismo, Jesús y yo hablamos o nos vamos de compras".

Ahora lo entiende.

Un hombre deseaba tomar un café con Jesús. Colocó una silla extra en la mesa. Compró un café y un pastel de crema para él mismo, y un pastel de crema para Jesús. Este hombre tenía sólo una queja. Algunas veces, decía, Jesús no quería su pastel de crema. Así que el hombre tenía que comerse ambos pasteles. Este hombre sabe de lo que se trata. La vida con Jesús puede ser así de personal.

No tenemos que buscar muy lejos para hallar formas de invitar a Jesús a participar en nuestra vida diaria. Camine con Jesús. Invítelo a formar parte de su vida diaria. Permítale acompañarlo cuando conduzca, cuando trabaje, cuando se divierta.

Regalos Para El Dador De Regalos

¿Cómo interactúa usted con otras personas durante el día? Usted les da de su tiempo, les da obsequios en ocasiones especiales o por ninguna en especial, hace lo que puede por ayudar a quien necesite de su ayuda.

Cuando usted se da al marginado, al perdido, al que sufre, al que agoniza, usted interactúa con Jesús. Alimentar al pobre, proveer abrigo al indigente, visitar a aquellos que están en prisión. Mantener los ojos abiertos para aquellos que están en necesidad. En el mundo en el que vivimos, esto no es difícil. Cada día podemos encontrar a alguien que ayudar. Puede ser algo pequeño, como mantener la puerta abierta en una tienda cuando alguien sale cargado con bolsas. Puede ser dar un aventón a alguien que se quedó sin gasolina. Quizás pueda visitar a un minusválido. Jesús dice que cuando hacemos estas actividades, estamos en realidad dando a él. Esto es parte de caminar con Dios. Esta es la dimensión ascendente en acción.

> Quizás esté tan condicionado a pensar como un concepto religioso que ha llegado a limitar el tiempo que pasa con él a los "momentos religiosos".

Obsequiar regalos es una buena manera de estrechar una relación. De a Dios un regalo que provenga de su corazón. Quizás pudiera ser una obra de arte que haya hecho sólo para él. (Después de todo, él nos da regalos artísticos la mayoría del tiempo: amaneceres, atardeceres, árboles, montañas). Quizás pueda cantar una canción que haya escrito para él. Las Escrituras están llenas de sugerencias sobre regalos para Dios. Debemos darle lo mejor de nosotros, no segundas opciones o cosas imperfectas.

Déle su tiempo a Dios. No se puede tener una relación íntima y profunda con alguien si no se pasa tiempo con esa persona. Si sólo le da unos cuantos minutos al día a Dios, quizás un par de horas el domingo, ¿qué tan íntimamente lo llegará a conocer? Quizás esté tan condicionado a pensar como un concepto religioso que ha llegado a limitar el tiempo que pasa con él a los "momentos religiosos". ¿Qué pasaría si comenzará a compartir su tiempo "normal" con él? Si conversara con Dios durante el día, hablando con él como si estuviera hablando con su esposa o con un amigo cercano, ¿puede imaginar cómo cambiaría esto su relación con Dios? Quizás pueda comenzar por hacer que sus "momentos de tranquilidad" sean verdaderamente tranquilos, en los cuales usted y Dios puedan simplemente sentarse juntos. Acurrucarse junto a Jesús es una maravillosa forma de pasar tiempo con él.

Si monta bicicleta una vez, usted no afirma ser un consumado ciclista. Manejar un carro una vez no le hace ser un experto conductor, a pesar de lo que los adolescentes puedan pensar. No se puede "dominar" algo si sólo se hace una vez. Así como para aprender a montar bicicleta se necesitan varios intentos en el tiempo, caminar con Jesús toma práctica. Orar una vez no significa que esté caminando en la relación Arriba. Es importante desarrollar una rutina de hablar con él durante la rutina de nuestro día.

Caminar es una cosa maravillosa. Los niños pequeños comienzan sentándose con sus padres, viéndolos caminar por todas partes. Luego tienen la idea de que quieren tratar esta nueva forma de ir a donde

> La práctica lo llevara a adquirirle ritmo de caminar, y caminar con Dios es la definición del discipulado.

quieren estar. Los primeros intentos no son muy buenos. Se caen muchas veces, quizás sufran algunas heridas y moretones. Pero no se rinden, ¿o sí? Con práctica, pronto están caminando por todas partes. Adquieren el ritmo y en este ritmo se dan cuenta que ya no tienen que pensar más en cómo es el mecanismo para caminar. Sólo lo hacen.

Lo mismo sucede cuando practicamos caminar con Jesús. Al principio, puede que tenga que recordar caminar con él. Quizás coloque una nota en el espejo del baño que diga: "Comenzar el día con oración". Pronto, sin embargo, estará saludando a Dios tan pronto salga de la cama sin necesidad de ser empujado. La práctica lo llevara a adquirirle ritmo de caminar, y caminar con Dios es la definición del discipulado.

Nuestra relación ascendente con Jesús es la forma en que permanecemos en él. Como vemos en Juan 15, nosotros (las ramas) debemos permanecer en él (la vid) para producir frutos.

Todos nuestros esfuerzos son en vano si no tenemos la relación Arriba en nuestras vidas. Seremos estériles si no permanecemos. Cuando permanecemos, no podemos evitar dar fruto. Una vez que aseguramos nuestra relación Arriba con Dios, él comienza a prepararnos para las otras relaciones en nuestras vidas que él nos ha llamado a tener. No hay otra forma.

PARA SABER MÁS SOBRE PRODUCTIVIDAD Y PERMANENCIA, VÉASE EL SEMICÍRCULO, CAPÍTULO 7

Capítulo 10

Involúcrese

*P*ermítame hacerle una pregunta personal. ¿Tiene usted algún amigo cercano con el cual pueda ser completamente abierto?

Jesús fue un ser social. Él tuvo tres amigos cercanos: Pedro, Jacobo y Juan. Luego estaban los otros nueve en su círculo íntimo de amigos, y el círculo más amplio de 72 seguidores. Jesús compartió el alimento con estos amigos, rió con ellos, conoció a sus familias; en otras palabras, "compartió su vida" con su círculo escogido.

Jesús tuvo una relación Dentro con sus discípulos.

Dios nos creó como seres sociales. Necesitamos relaciones cercanas. Dios nos hizo para vivir nuestra fe junto a otros. La vida debería venir con una etiqueta de advertencia: ¡Úsese sólo en compañía de otros!

¿Cuántas personas conoce usted que sufren dolor porque no tienen un fuerte aspecto Dentro en sus vidas? En un mundo de tecnología que nos conecta a la información con tan sólo pulsar el ratón del computador y una velocidad cada vez mayor, la soledad es ya una epidemia.

> La vida debería venir con una etiqueta de advertencia: ¡Úsese sólo en compañía de otros!

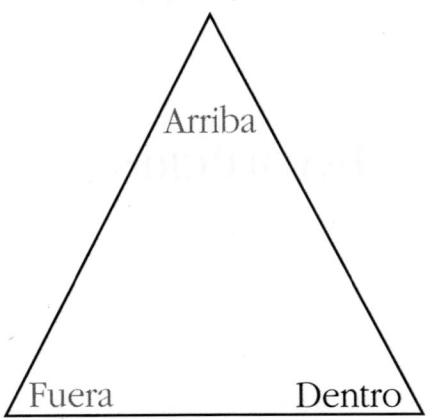

EN CRISTO

Cuando Dios dijo que no era bueno que Adán estuviera solo, no se refería tan sólo al matrimonio. Dios se relacionó con los seres humanos desde el principio, y él desea que seamos relacionales los unos con los otros. El tema de las relaciones aparece en toda la Escritura desde el comienzo hasta el final, ésta es la razón por la que Dios planificó nuestra redención y nos promete que podemos estar con él por siempre.

Para poder comprender completamente este concepto relacional, necesitamos entender lo que significó para aquellos que escucharon la enseñanza de Jesús de primera mano. Una relación era una alianza. En un acuerdo de alianza, la parte más fuerte confiere igualdad a la parte más débil. La parte más fuerte invita a la parte débil a una relación de unidad. Todo el Antiguo Testamento, al contar la historia del pueblo de Dios antes de Cristo, se basa en una alianza entre Dios y su pueblo, Israel. Dios dijo, "Caminaré entre ustedes. Yo seré su Dios, y ustedes serán mi pueblo" (Lv 26:12). Dios y su pueblo están unidos de manera inseparable.

La alianza implica que cuando el mundo mire a Israel, vea a Dios. Así que si el pueblo de Dios se va en pos de otros dioses, el mundo asumirá que el Dios de Israel es débil o que ni siquiera existe. Israel se fue tras otros dioses, empañando el pacto al cometer adulterio. Dios se mantuvo fiel a su alianza. Nosotros los humanos fuimos los que no mantuvimos respetamos el trato y el resultado fue una sentencia de muerte para todos nosotros.

Las Escrituras nos recuerdan constantemente que Dios desea tener una relación con nosotros. Una relación es mucho más que un contrato. Una relación es un compromiso de buena voluntad, que identificas completamente a una parte con la otra, compartiendo todas las posesiones, siendo leales sin importar el costo. La relación es expresada en la misma naturaleza de Dios al encarnarse.

Jesús vino al mundo para establecer un nuevo pacto. Él nos invita a vivir en su reino en una relación de alianza con él. Somos uno con Jesús, unidos a él de manera inseparable. Jesús dice que ahora podemos hacer todo lo que él hizo y aún más, porque ahora estamos en una relación con el rey mismo. (Véase Lucas 22:29, 30).

Una frase favorita del apóstol Pablo en sus cartas a las iglesias del Nuevo Testamento es que ahora estamos "en Cristo". Para Pablo esto es taquigrafía para la relación de alianza que Dios tiene con su pueblo.

Pero ahora en Cristo Jesús, a ustedes que antes estaban lejos, Dios los ha acercado mediante la sangre de Cristo.

—Efesios 2:13

En el mundo antiguo (y aún en algunas sociedades hoy en día), el hecho de establecer un pacto se basaba en dar y recibir. En el primer siglo, si usted iba a casa de otra persona y ésta le ofrecía una comida, usted mostraría reciprocidad dándole algo a cambio. Este era un pacto de participación, que se incrementaría a medida que las dos partes recibieran y dieran tiempo, dinero y posesiones una a la otra.

Participar de un pacto no es tan sólo recibir.

Jesús seleccionó a 12 personas específicamente con las que poder estar, con quienes pasar tiempo, con quienes construir relaciones fuertes durante los tres años que pasaron juntos en su ministerio público.

Jesús comenzó su relación con Pedro, Jacobo y Juan con un pacto de participación. Jesús recibió el uso del bote de ellos como una plataforma desde la cual predicar. Cuando terminó, dio a los pescadores un regalo de pescado (Lucas 5:1-10). La relación entre Jesús y estos tres hombres continuó creciendo hasta el punto que Jesús les dio un regalo final: su vida. Jesús dijo a sus discípulos que una vez que recibieran este regalo, deberían mantener el pacto tomando su cruz; en otras palabras, dando sus vidas también.

Los primeros discípulos, al igual que nosotros hoy en día, tuvieron problemas para entender lo significa participar de un pacto entre sí. En la última cena, discutieron sobre quién debía ser el líder entre ellos.

Tuvieron además un altercado sobre cuál de ellos sería el más importante. Jesús les dijo: —Los reyes de las naciones oprimen a sus súbditos, y los que ejercen autoridad sobre ellos se llaman a sí mismos benefactores. No sea así entre ustedes. Al contrario, el mayor debe comportarse como el menor, y el que manda como el que sirve.

—Lucas 22:24-26

Estamos muy lejos de la cultura del primer siglo, pero debemos recordar una vez más lo que los oyentes de Jesús entendieron. Cuando pensamos en ser un siervo de Cristo, pensamos en dar voluntariamente nuestro tiempo, esfuerzo y bienes a otros. Pero en los tiempos de Jesús, esto habría sido el rol de un benefactor, exactamente aquello que Jesús estaba diciendo a sus discípulos que *no* fueran. Los siervos eran aquellos que no tenían posesiones. Su tiempo y actividades no les pertenecían.

Los siervos tienen nada que dar. Todo lo que podían hacer en un pacto era recibir. Jesús nos dice que seamos el siervo, no el benefactor.

DAR EN AMOR

Para poder construir verdaderas relaciones bíblicas, debemos a prender a recibir. Mientras intentamos ser muy buenos en "obtener" cosas para nosotros mismos, no siempre somos tan buenos en recibir agradecidamente de los demás. Si se fracturar una pierna y tuviera que depender de otras personas para hacer cualquier cosa, ¿cómo se sentiría? Para muchos de nosotros esta situación sería verdaderamente difícil. Deberíamos recibir el cuidado y generosidad de otros en lugar de cuidar de nosotros mismos y no necesitar de nadie más. Pero recuerde, los servos reciben.

Una vez que recibimos, actuamos de manera recíproca siendo el dador de forma que otra persona pueda ser el siervo y recibir. Esta es la base de vivir según el pacto: recibir y dar. Son miles los años que nos separan del mundo antiguo. Así que, ¿cómo sería vivir según el pacto hoy en día?

Imagine que conoce a alguien en un grupo pequeño, quizás un estudio bíblico o en un servicio en la iglesia. Ambos son creyentes. Esta persona le invita a tomar un café y usted acepta. Finalizado este tiempo, us-

> Dar y recibir son los fundamentos de una relación Dentro.

ted le sugiere cenar juntos la próxima semana. Después de cenar, su invitado felicita su lasagna y le da la receta. Ella le ofrece cuidar de su hijo una tarde mientras usted va a hacer algunas diligencias. Usted le ayuda a empapelar el pasillo de entrada de su casa. A medida que esta relación crece, ustedes comparten la vida. Se le hace natural hablar con esta persona sobre asuntos íntimos de su corazón. Cuando le ofrece orar con usted, usted recibe. Dar y recibir son los fundamentos de una relación Dentro.

La Navidad puede ser un momento *kairos* para muchas personas, mi esposa Sue y yo no éramos la excepción. En una Navidad pasada, mientras Sue revisaba los regalos que había debajo del árbol, observó que todos los regalos que ella había comprado apara mí estaban bellamente envueltos y creativamente presentados. Mis regalos para ella, sin embargo, estaban sin envolver o simplemente en la bolsa de la tienda en la que los traje a casa. Sue se molestó por mi falta de esfuerzo y aparentemente falta de amor expresados en estas acciones negligentes. Pero esta situación estaba más allá de mi alcance y no entendía a que se refería Sue. Ella finalmente sacó a relucir el tema una noche y a medida que discutíamos la situación, nos dimos cuenta de que inevitablemente habíamos sido influenciados por las experiencias y expectativas de nuestros años formativos. Esto nos llevo a una discusión profunda sobre cómo expresamos nuestro amor el a uno al otro y cómo recibimos amor el uno del otro. En lugar de dejar que nuestras diferencias provocaran dolor y conflicto, fuimos capaces de hacer un plan en el cual cada uno pudiera apreciar las diferencias del otro y hacer un esfuerzo por expresar amor de formas que ambos pudiéramos realmente apreciar.

——*NIGEL*

Jesús es nuestra brújula, y nosotros debemos seguir su guía en lo que se refiere a establecer relaciones según el pacto los unos con los otros. Esta relación interna –dar en amor los unos a los otros—es la única marca distintiva que Jesús dijo tendrían los cristianos:

De este modo todos sabrán que son mis discípulos, si se aman los unos a los otros.

—Juan 13:35

LifeShapes nos ayudó a pasar de construir una gran congregación a transformar la comunidad. Nuestro enfoque ya no fue más construir edificios más grandes o implementar tantos programas como pudiéramos. Ahora queríamos saber cómo podíamos alcanzar a la comunidad. En cómo cada miembro de nuestra congregación podía enfocarse en construir algunas relaciones auténticas y significativas que pudieran marcar una verdadera diferencia en sus vidas diarias. LifeShapes, especialmente el Triángulo, proveyó las herramientas para enseñarnos cómo dar este salto con muy poco esfuerzo.

—WALT

Jesús tenía personas que eran muy cercanas a él. Dios desea lo mismo para nosotros. Jesús no envió a los discípulos solos para hacer el trabajo del reino, los envió en pares. Incluso cuando envió a buscar a un burro, envió a dos discípulos para conducir el animal a él. ¡Piense en ello!

La oficialidad de la iglesia en la cual servía (Mike) en Sheffield, Inglaterra, trabajó duro en esta dimensión Dentro de las relaciones. Luego de unos años, la gente lo notó. Comentaban que toda la cultura de la iglesia había cambiado. ¿Qué hizo la diferencia? La oficialidad se reunía una vez al mes sólo para divertirse. Así es. No para estudiar la Biblia. No para orar. No para algún sermón. Nada administrativo. Sólo un grupo de personas divirtiéndose y construyendo relaciones. De estas relaciones Dentro surgieron los momentos de intimidad que son el basamento de la amistad cercana. La gente lo notó y los beneficios alcanzaron a muchos otros más.

La agente abandona las iglesias todo el tiempo porque no se sienten conectados. Pueden estar sirviendo en media docena de comités o ministerios, pero no tienen las relaciones Dentro que van más allá de los límites del trabajo que los miembros del comité hacen juntos. Algunas veces a las iglesias les va bien con la dimensión Arriba –alabar a Dios juntos— y la dimensión Fuera –servir a la comunidad alrededor de ella— , pero no tan bien con la dimensión Dentro. La gente percibe esta falta de balance y se va en busca de esta intimidad. La comunidad de Dios debería ser el lugar en donde encontrarla.

> Cuando ignoramos el llamado de Jesús a compartir la vida, sufrimos.

Trabajar con Jesús no es un paseo sencillo en la vida. No es un sentimiento religioso. Es una experiencia práctica y cotidiana de vivir en el reino de Dios, donde la forma de vida es diferente de aquella que siempre habíamos conocido. Pero esta es la verdadera vida. Lastimosamente, muchos cristianos escogen andar torpemente en este mundo, ignorando el llamado de Jesús a seguirlo como discípulo. Cuando ignoramos el llamado de Jesús a compartir la vida, sufrimos. Cuando no tenemos correctamente el aspecto Dentro del Triángulo, no tenemos una vida relacional correctamente balanceada.

¿Está usted caminando como discípulo con algunas otras personas que puedan alentarlo y recordarle sus responsabilidades o lo hace completamente solo? Incluso el Llanero Solitario tenía a su fiel Toro como compañero. ¿Quién puede caminar junto a usted?

Capítulo 11

Fuera Con Eso

Sujete un globo a un grifo, abra la llave del agua. ¿Qué sucede? A medida que al agua entra en el globo, lo expandirá lentamente asumiendo su forma prediseñada. Mientras que el agua continúe fluyendo dentro del globo, el globo continuará inflándose y llenándose de agua. Pero, en algún punto, el globo quedará demasiado lleno y deberá dejar escapar algo de agua o estallar. Ahora bien, si le hace algunos agujeros pequeños al globo, éste podrá continuar llenándose con agua del grifo. El globo puede permanecer lleno, beneficiándose del suministro continuo de agua y aun así dar agua.

Los principios del Triángulo son como este globo. ARRIBA –Usted se conecta con Dios y él lo llena con su presencia, suponer y su propósito. DENTRO –A medida que Dios lo llena, usted crece, permitiéndole cumplir su ministerio dentro de la comunidad de los creyentes. Pero usted no se puede detener allí. Jesús ha llamado a sus seguidores a una vida tridimensional, así que para poder permanecer sanos, vitales y recibir aún más de Dios, usted necesita también dejar que la presencia de Dios fluya hacia FUERA, desde usted hacia quienes le rodean.

Usted **recibe** de Dios,

Usted **comparte** lo que Dios le ha dado,

Usted **da** a otros lo que tiene.

Esta es la forma en que usted vive una vida equilibrada.

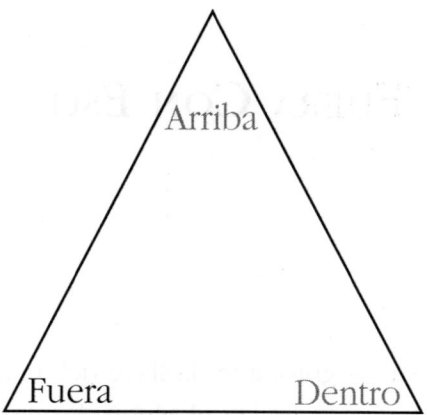

SI ES TAN SENCILLO, ¿POR QUÉ ES TAN DIFÍCIL?

La mayoría de los cristianos, entusiasmadamente practicarían la dimensión Arriba de la relación. Y en un sentido individual la mayoría estarían deseosos de alcanzar a aquellos dentro de su círculo cercano, la dimensión Dentro. Pero la idea de dejar nuestro entorno seguro y entrar al mundo de la soledad, la necesidad y la agonía, es aterradora.

Si la palabra evangelización le hace sentir escalofríos, bienvenido al club. Muchos cristianos se sienten de la misma forma. Gran parte de nuestra actitud se debe a que hemos malinterpretado lo que realmente es. Sabemos que hemos sido llamados a compartir el evangelio y nos sentimos culpables cuando no lo hacemos. Así que animamos a nuestras iglesias o a aquellos dentro de nuestras iglesias que tienen el "don" de la evangelización a ir Fuera por nosotros, como si pudiéramos hallar el equilibrio por proximidad. ¿Cómo reconciliamos nuestros temores y fracasos en la evangelización con el llamado de Jesús de "ir y hacer discípulos"?

 PARA SABER MÁS SOBRE ESTE PRINCIPIO, VÉASE EL OCTÁGONO, CAPÍTULO 20.

Nuestro mundo necesita relaciones, y Dios quiere que vayamos fuera y las construyamos. Una madre joven se siente completamente perdida a medida que pasa día tras día en casa sola con sus tres preescolares. Su vecino le confiesa que está teniendo una aventura y que está pensando en abandonar su "desdichado" matrimonio. El vendedor del supermercado parece distraído y triste. Un joven estudiante universitario pasa su primer domingo en una nueva ciudad y atraviesa las puertas de su iglesia.

Jesús recorría todos los pueblos y aldeas enseñando en las sinagogas, anunciando las buenas nuevas del reino, y sanando toda enfermedad y toda dolencia. Al ver a las multitudes, tuvo compasión de ellas, porque estaban agobiadas y desamparadas, como ovejas sin pastor. "La cosecha es abundante, pero son pocos los obreros —les dijo a sus discípulos—. Pídanle, por tanto, al Señor de la cosecha que envíe obreros a su campo".

—Mateo 9:35-38

Jesús tenía una razón para venir (Marcos 1:38) y no era para construir iglesias. Todos conocemos a personas que están agobiadas y desamparadas, como ovejas sin pastor. Nosotros conocemos al pastor, nosotros que conocemos su amor constante y apasionado por nosotros, debemos ir fuera y recoger a los perdidos. Nuestro trabajo es traerlos al refugio seguro de la comunidad con Dios y con sus seguidores.

Una vez que entendemos la estrategia de Jesús de las relaciones externas, nuestro miedo frecuentemente se desvanece. Nos animamos a buscar a las personas con las cuales estamos conectados naturalmente y edificamos re-

> Una vez que una relación es establecida, compartir el mensaje del evangelio puede ser sencillo.

laciones con ellos. Una vez que una relación es establecida, compartir el mensaje del evangelio puede ser sencillo. Dios acepta la responsabilidad de preparar la cosecha. Todo lo que nosotros estamos haciendo es establecer una conexión con una persona a quien Dios ya ha preparado.

MANTENIENDO EL EQUILIBRIO

Si habla con la persona promedio, se dará cuenta de que la mayoría de la gente es buena en dos de las tres dimensiones. Son del tipo Arriba y Fuera, o Arriba y Dentro. Algunas veces incluso son del tipo Fuera y Dentro sin que hablen muy seguido con Dios. La vida es ocupada, hay mucho que hacer, muchos lugares a los que ir con la familia. Así que sólo echamos un vistazo arriba y pensamos, "Espero que todo esté bien allá arriba". Es realmente difícil para nosotros mantener las tres dimensiones en equilibrio.

Quizás usted se encuentre en un grupo pequeño y crea que haya alcanzado el balance correcto de relaciones. Los grupos pequeños asumen sus propias personalidades, y tienden también a hacerlo bien en dos de las tres dimensiones, al igual que los individuos. Imagine tener consigo mismo la siguiente conversación:

— Pareciera que nuestro grupo no tuviera tanta vida como la tenía antes.

— ¿Qué hacen con su tiempo cuando están juntos?

— Bueno, adoramos, cantamos y leemos las Escrituras juntos. Pasamos mucho tiempo compartiendo nuestras vidas y orando los unos por los otros.

— ¿Se relacionan con alguna otra persona fuera del grupo? ¿Buscan a alguien que ayudar, limpiar el patio de una anciana o tan sólo ir y tocar a la puerta del vecino para preguntarle cómo pueden orar por él?

PARA SABER MÁS SOBRE EVANGELIZACIÓN, VÉASE EL OCTÁGONO, CAPÍTULO 23.

— No, nosotros no hacemos nada de eso.

— Eso explica por qué se sienten de esa forma. Su grupo es bidimensional.

Nuestro Grupo de Adoración estaba luchando. Habíamos hecho de la relación ARRIBA el centro de nuestra práctica cuando lo que necesitábamos en verdad era la relación DENTRO: más tiempo para relacionarnos y animarnos los unos a los otros. Pero incluso cuando nos dimos cuenta de ello, algo seguía faltando. Necesitábamos una relación FUERA y proveer una experiencia de adoración en los cultos dominicales de la iglesia no contaba.

Estábamos en medio de uno de los veranos más calientes que jamás hubiéramos tenido y decidimos comprar unas latas de refresco y regalarlas a los conductores atrapados en el tráfico de la tarde. En cada lata colocamos una etiqueta que decía simplemente "Pensé que podías estar sediento. He aquí una expresión del amor de Dios de una manera práctica, sin condición alguna".

La respuesta fue abierta y positiva. Más tarde, historias alentadoras circularon por la comunidad, aunque quizás nunca lleguemos a conocer el impacto completo de nuestro esfuerzo. El efecto, sin embargo, de equilibrar los aspectos ARRIBA, DENTRO y FUERA en nuestro grupo fue increíblemente enriquecedor.

—UN LIDER DEL GRUPO DE ADORACION

Otro grupo pudiera orar juntos e ir fuera a las calles con el evangelio, llevando el mensaje de Jesús a los rudos y violentos, pero no invierten tiempo en las necesidades de su propio grupo. Este grupo también es bidimensional.

¿Ve cómo funciona? Es realmente sencillo. La simplicidad, por supuesto, hace que muchas personas digan: "Bueno, yo ya sabía eso". Bien, si usted ya lo sabía, ¿por qué no lo está haciendo?

YENDO DE PESCA

Jesús dijo que él nos haría pescadores de hombres. El método de pesca de los tiempos de Jesús era cebar el agua y luego lanzar una red para capturar tantos peces del cebo como fuera posible. Por supuesto, esto requería que el pescador fuera primero a donde estuvieran los peces. Si no encontraban peces en el primer lugar donde lanzaban las redes, se dirigían a un nuevo lugar y buscaban peces allí. Si simplemente nos quedamos en nuestras zonas seguras –nuestras iglesias, nuestros grupos pequeños, nuestra subcultura cristiana— nunca estaremos en donde están los perdidos. Tenemos que salir de nuestros nichos confortables e ir a los lugares donde hay personas que aún no saben que Dios les ama muchísimo y que no puede dejar de pensar en ellos.

Una y otra vez en los Evangelios vemos la vida tridimensional de Jesús. Él tomaba habitualmente tiempo para estar a solas con su Padre. Invertía mucho también en un pequeño grupo de personas como sus amigos cercanos y compañeros de trabajo en el reino. Habiendo orado (Arriba) y reunido con estos amigos (Dentro), Jesús luego se dirigía (Fuera) a la multitud y hacía el trabajo del reino, proclamando las Buenas Nuevas, retando la injusticia, enseñando a la gente, sanando a los enfermos y satisfaciendo necesidades de todo tipo.

Dios nos hizo para vivir en tres dimensiones. Jesús vivió en tres dimensiones. No podemos superar esto. ¿Está usted viviendo en tres dimensiones?

CAPÍTULO 12

LÍDERES Y APRENDICES

*H*agamos una pausa para asegurarnos de que estamos en la misma página. Jesús, el hombre más sabio que jamás haya caminado sobre la tierra, enseñó a sus discípulos a vivir en la comunidad del reino. Figuras simples nos ayudarán a recordar los principios que él enseñó.

Un discípulo usa momentos memorables en la vida —momentos *kairos*—para entrar en el círculo del arrepentimiento y la fe. Este Círculo va girando en espiral cerca más cerca, hasta el corazón de Jesús. El Círculo es la vida de discipulado en pocas palabras.

Dios nos creó para ser fructíferos. Pero el fruto sólo aparece si llevamos un suave ritmo entre el descanso y el trabajo, con períodos de permanencia, poda y productividad. El plan de Dios es que descansemos para trabajar y no que trabajemos para descansar. Nuestra vida en Dios nos hace como árboles plantados junto a arroyos de agua, que dan su fruto en su tiempo. Este es el Semicírculo, la vida equilibrada. Los discípulos deben tener un equilibrio entre el descanso y el trabajo.

También necesitamos tener la apropiado equilibrio de relaciones en nuestras vidas. La mezcla correcta de relaciones Arriba (relación con Dios), Dentro (relaciones con otros compañeros seguidores de Jesús) y Fuera (relaciones con aquellos fuera de la fe) forma el Triángulo. A medida que recibimos la gracia de Dios, la damos a otros con quienes estamos relacionados. Cuando estas relaciones no están en la proporción correcta, nos tambaleamos en todas ellas.

El Círculo ●, el Semicírculo ◗ y el Triángulo ▲ : cada una de estas figuras refleja un aspecto del discipulado que Jesús enseñó a vivir. No podemos superar a Jesús. Debemos escuchar lo que todavía dice hoy en día y obedecer siguiéndole de todo corazón toda la vida. Este no es un ejercicio o experiencia religiosa. Seguir a Jesús es una acción real y práctica y una actitud que modela cada área de la vida.

Queremos aclarar esto: no nos estamos refiriendo a una parte de su vida. No estamos hablando sólo sobre sus prácticas religiosas o sus momentos caritativos. Jesús quiere *todo* de usted: tiempo, talentos, dinero, experiencia, intereses, incapacidades y fracasos. Él no llama tan sólo a ministros profesionales o "súper santos" para ser sus discípulos. Él toma a cada uno de sus hijos e hijas y les hace el mismo llamado: "Sígueme".

Seguir a Jesús se trata de relaciones. Toda la Escritura trata de relaciones. Todos estamos llamados a este caminar con Dios toda la vida. Las primeras tres figuras, sin duda alguna, son fáciles de encajar en su idea de lo que cada discípulo debería practicar. Las siguientes dos figuras —el Cuadrado y el Pentágono— pueden resultar menos obvios en cómo se aplican a su vida diaria. Usted podría pensar que sólo se aplican a cristianos especialmente dotados. Le aseguramos que cada seguidor de Jesús debe aprender los principios de estas dos figuras también. ¿Está listo para continuar nuestro viaje?

YO, ¿UN LÍDER?

Un rápido vistazo a las estanterías de una biblioteca o una búsqueda en Internet revela más teorías sobre el liderazgo de las que ninguno de nosotros podría ordenar y entender. Incluso la sola palabra nos ahuyenta algunas veces. Estamos desilusionados del "liderazgo" en todas sus formas, desde la iglesia, pasando por el lugar de trabajo hasta el gobierno nacional. La mayoría de nosotros, además, no nos vemos a nosotros mismos como líderes. Nos conformamos con tener nuestro lugar entre las masas y no ser responsables por el tipo de decisiones que los líderes hacen.

Sólo existe una teoría del liderazgo que realmente importa. ¿Qué nos enseña Jesús sobre el liderazgo?

Todos somos líderes, nos demos cuenta o no de ello. Los padres guían a los hijos. Los maestros guían a los estudiantes. Los empleadores guían a los empleados. Los facilitadotes de los grupos pequeños guían a aquellos que asisten al grupo. Las personas mayores sirven de guía a los más jóvenes. Los amigos guían a los amigos. Todos parecemos ovejas desde el frente, pero parecemos pastores desde atrás. En otras palabras, alguien se dirige a usted en busca de guía y usted se dirige a otro para ser guiado. Esto es parte de nuestra naturaleza relacional.

> Todos somos líderes, nos demos cuenta o no de ello.

Después de la resurrección y antes de la ascensión al cielo, Jesús enseñó a sus seguidores a ir al mundo y hacer discípulos. Este palabra, *mathetes*, significa "aprendiz". Jesús quería que los Doce hicieran aprendices, que ayudaran a otros a aprender lo que significa vivir en el reino de Dios. él desea de nosotros la misma cosa.

El llamado de ir y hacer discípulos es un llamado a los líderes. Esto no significa que todos debamos ser evangelistas internacionales. Significa que debamos estar listos para servir de líderes en relaciones individuales cuando la oportunidad aparece. Así que para ser tan efectivos como sea posible, veamos cómo Jesús enseñó a sus discípulos a ser líderes de los aprendices alrededor de ellos.

El Auténtico Liderazgo Del Siervo

Seguir el modelo de Jesús del discipulado significa actuar de una forma que nos hará impopulares con la cultura dominante. Este siempre ha sido el caso de aquellos que siguen a Jesús. Hoy en día existen muchas críticas sobre el liderazgo. Por lo general, estas críticas vienen de aquellos que no les agrada someterse a la autoridad. Por lo tanto, dicen a aquellos que están en autoridad cómo deberían hacer su trabajo. Jesús mismo experimentó esta actitud:

Se le acercaron Jacobo y Juan, hijos de Zebedeo.

— Maestro —le dijeron—, queremos que nos concedas lo que te vamos a pedir.

— ¿Qué quieren que haga por ustedes?

— Concédenos que en tu glorioso reino uno de nosotros se siente a tu derecha y el otro a tu izquierda.

Los otros diez, al oír la conversación, se indignaron contra Jacobo y Juan. Así que Jesús los llamó y les dijo:

—Como ustedes saben, los que se consideran jefes de las naciones oprimen a los súbditos, y los altos oficiales abusan de su autoridad. Pero entre ustedes no debe ser así. Al contrario, el que quiera hacerse grande entre ustedes deberá ser su servidor, y el que quiera ser el primero deberá ser esclavo de todos. Porque ni aun el Hijo del hombre vino para que le sirvan, sino para servir y para dar su vida en rescate por muchos.

—Marcos 10:35-37, 41-45

Admitámoslo. Si usted es un líder y algunas personas en su grupo le dicen que quieren que usted haga lo que ellos dicen, usted se reiría. O quizás se indignaría y les diría: "¿Quiénes se creen que son?" Esto es lo que hacen los padres, los maestros y los patronos también.

Pero Jesús no. En lugar de reaccionar con risas o indignación,
Jesús aprovechó la situación
para enseñar. Jesús es infinita-
mente paciente. En este pasaje,
Jesús fija la posición predeterminada

> Jesús fija la posición predeterminada que deben seguir todos los líderes.

que deben seguir todos los líderes. Los líderes deben ser siervos. Y,
como lo vimos al estudiar el Triángulo, un siervo no es aquel que da,
porque los siervos no tienen nada que dar. Los siervos deben recibir
primero para poder dar. Como siervos de Dios, no tenemos nada propio
excepto lo que Dios nos de. Cuando reconocemos que somos siervos
con nada que dar, entonces comprendemos que un líder según el modelo de Jesús debe depender todo el tiempo de la gracia. La gracia es
recibir lo que no merecemos y que no podemos obtener por nuestros
propios medios. Si necesitamos la gracia, es porque reconocemos que
estamos vacíos, la verdadera señal de un siervo.

¿Cómo ejerció Jesús el liderazgo del siervo? Los hizo al:

- Diciendo a sus discípulos: "Ustedes no saben lo que es mejor para
ustedes, pero yo sí. Así que sólo hagan lo que yo les diga que hagan".
- Colocándose en la línea de fuego. Recibiendo los ataques que estaban dirigidos a quienes él dirigía.
- Lavando los pies de sus discípulos, removiendo así la suciedad y
porquería que forman parte de sus vidas.
- Liderando de manera clara y visionaria.
- Llamando a Pedro, uno de sus más cercanos amigos, "Satanás"
cuando este habló humana y no espiritualmente.
- Juntando cuerdas para azotar a aquellos que compraban y vendían
en la casa de su Padre.

> A veces un pastor necesita usar un gancho para agarrar a una oveja por el cuello y arrastrarla de vuelta a un lugar seguro.

¿Puede ver que el tipo de "liderazgo del siervo" que Jesús enseñó y demostró va en contra de lo que normalmente pensamos cuando escuchamos el término? Algunas veces, el liderazgo del siervo es un camino difícil y solitario.

A veces un pastor necesita usar un gancho para agarrar a una oveja por el cuello y arrastrarla de vuelta a un lugar seguro. Puede ser un momento no muy agradable para la oveja, pero ciertamente es mejor que ser devorado por un lobo. Un liderazgo servil no es simplemente ofrecer palabras de simpatía para alguien cuando se sabe que ha perdido el camino. Jesús preparó a sus discípulos para esta clase de liderazgo.

La naturaleza humana no ha cambiado en dos mil años. Esta es la razón de porque podemos seguir hoy en día las prácticas de liderazgo de Jesús y esperar ver los mismos resultados que Jesús vio. Decimos "prácticas de liderazgo" porque Jesús tuvo varios diferentes estilos de liderazgo, haciendo así de sí mismo un líder más efectivo. En los próximos dos capítulos, veremos las cuatro etapas del discipulado y los estilos de liderazgo que son más efectivos en cada etapa. Este proceso nos llevará a un cuadrado que nos transforma de ser aprendices a ser líderes.

CAPÍTULO 13

APRENDIENDO REALIDADES

*U*tilizamos un cuadrado para enseñar sobre el liderazgo porque podemos apreciar el estilo del liderazgo de Jesús en cuatro etapas. Cada lado del Cuadrado nos lleva al siguiente, creando un ciclo de liderazgo.

Comencemos por las dos primeras etapas del liderazgo a las cuales los líderes deben estar listos para responder. Si los discípulos no pasan por estas dos teas, el cuadrado jamás estará completo.

ETAPA 1

Los discípulos son confiados e incompetentes.

Los líderes son directos y dan el ejemplo.

"Se ha cumplido el tiempo —decía—. El reino de Dios está cerca. ¡Arrepiéntanse y crean las buenas nuevas!" Pasando por la orilla del mar de Galilea, Jesús vio a Simón y a su hermano Andrés que echaban la red al lago, pues eran pescadores. "Vengan, síganme —les dijo Jesús—, y los haré pescadores de hombres." Al momento dejaron las redes y lo siguieron.

Un poco más adelante vio a Jacobo y a su hermano Juan, hijos de Zebedeo, que estaban en su barca remendando las redes. En seguida los llamó, y ellos, dejando a su padre Zebedeo en la barca con los jornaleros, se fueron con Jesús.

—Marcos 1:15-20

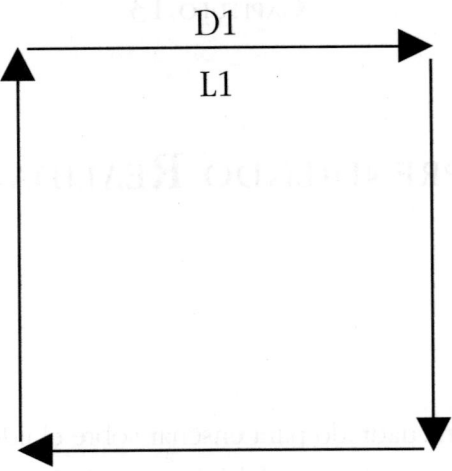

D1

L1

Jesús dijo simplemente a los pescadores: "Vengan, síganme". Dieron un paso al frente, dejaron sus redes y le siguieron. De algún modo confiaban en su liderazgo lo suficientemente como para seguirlo. Su confianza, sin embargo, se basaba en su entusiasmo por haber sido escogidos, no en la experiencia o en algún conocimiento real sobre aquello en lo que se estaban involucrando. No tenían ni idea. Ninguna en absoluto. Si llegaron a sentir algo de miedo, reunieron la confianza necesaria para iniciar el viaje. Nos podemos preguntar si ellos habrían iniciado el viaje si hubieran tenido una idea realista de cómo sería éste. Pero no fue así, tan sólo fueron confiados y entusiastas.

En aquella situación, Jesús les habla directamente. Él es quien da las instrucciones. Su franqueza atrajo a los pescadores. Jesús es también asertivo. No comenzó por un estilo de liderazgo de consenso. Averiguar lo que estos pescadores pensaban sobre vivir en el reino de Dios no formaba parte de su agenda. Él no les dijo: "Chicos, tengo esta idea sobre el reino. Quizás pueda discutirla con ustedes y ver qué piensan de ella". No trató de hacer que los pescadores estuvieran de acuerdo con sus tácticas y estrategia. No solicitó votar sus enseñanzas sobre el reino. Si lo hubiera hecho,

¡quizás el asunto todavía estaría en el comité de discusiones! Jesús simplemente dijo: "Vengan, síganme, y los haré pescadores de hombres". Este es un lenguaje claro, directo y asertivo. Veremos que luego más tarde en su ministerio, Jesús usó un tono diferente, pero en esta etapa de la experiencia de los discípulos, el liderazgo directo era lo que necesitaban.

Jesús guió por medio del ejemplo en esta primera etapa. Él viajó predicando, sanando y expulsando demonios. En el camino ofreció muy pocas explicaciones a aquellos que fueron testigos de su obra. Los discípulos simplemente andaban con él, mirando y observándolo todo. Escuchaban todo lo que Jesús decía, pero comprendían muy poco.

Recuerda su primer día en la universidad? "Esto es fantástico, Ahora si que estoy haciendo cosas de adultos". ¿O su primer empleo? "Entraré allí y le demostraré a todo el mundo que sé exactamente lo que estoy haciendo". ¿O su primera vez cómo padre? ¡Su propio bebé! Sin duda alguna, usted estaba emocionado y casi confiado. Se sentía listo para encargarse del mundo, o por lo menos del pequeño bebé.

Pronto, sin embargo, comenzó a sentir la falta de experiencia y competencia. ¿Qué se debe hacer cuando se está exhausto por tratar de preparar dos trabajos y estudiar para tres exámenes en una misma semana? ¿Qué se hace cuando el bebé no deja de llorar? El entusiasmo sólo lo llevará hasta aquí, así que llama a su mamá o a alguien más que sepa cómo calmar al bebé.

El estilo de liderazgo que satisface las necesidades de esta etapa es el directo o personalista. El líder da instrucciones claras y da ejemplos, modelando el comportamiento y las expectativas de los aprendices. Este no es el momento para buscar el consenso o para dar prolongadas explicaciones para justificar las decisiones del líder.

¿Alguna vez le ha enseñado a un niño a montar una bicicleta? El niño está deseoso de hacerlo. Cree que lo único que tiene que hacer es sentarse sobre el asiento y pedalear. Pero usted sabe más porque se ha caído una o dos veces de la bicicleta. Así que usted se asegura de que el niño le esté prestando atención y le da algunas instrucciones básicas, diciéndole básicamente: "Sólo escúchame y haz lo que yo te diga".

Cuando se guía a alguien a través de un ciclo de aprendizaje, cuando se es el mentor de un nuevo discípulo, se entrena a nuevo empleado, se da la bienvenida a un nuevo miembro en un grupo pequeño o se enseña a un niño pequeño a usar la bacinilla, el liderazgo directo funciona bien durante este período de ajuste y orientación. Esto significa dar una clara dirección y caminar confiadamente, no ser agresivo o antipático. Los discípulos están motivados y quieren hacer lo correcto. El ejemplo a seguir debe ser claro y consistente.

Cuando se inicia un nuevo proyecto o ciclo de aprendizaje, el líder debe presentar claramente la visión que Dios ha dado. Esta visión reúne a los discípulos, escudriña a aquellos que no responden a la visión y motiva a aquellos que sí, aunque pueda haber en esta etapa falta de experiencia y habilidad. Cualquier tipo de acercamiento por consenso en esta etapa diluye la visión. Luego se perderá el enfoque y la motivación para llevar a cabo la visión. Probablemente usted no le preguntaría al niño de siete años su opinión sobre cómo enseñarle a manejar una bicicleta. Incluso si no estamos habituados este tipo de liderazgo, debemos reconocer que es enteramente apropiado en esta etapa y darle la bienvenida.

Esto supone un problema para algunas personas. Sospechamos del liderazgo personalista. Tenemos en nuestra memoria el legado reciente de

> Cuando iniciamos un nuevo camino, necesitamos un líder fuerte y confiado que nos marque el sendero.

líderes personalistas que han sido tiranos, que han manipulado la vida de sus seguidores por motivos malvados. Por otra parte, nuestro independiente modo de pensar occidental cuestiona automáticamente la autoridad personalista. Vivimos en una sociedad democrática donde todas las personas votan —tengan idea o no del tema— y pensamos que debe ser así en todas las cosas que hagamos.

Sin embargo, cuando iniciamos un nuevo camino, necesitamos un líder fuerte y confiado que nos marque el sendero. Nos agrada tener a alguien que sepa muy bien hacia donde está yendo, alguien que sepa donde están las zonas difíciles y cómo evitarlas. Si usted va a ser un líder al estilo de Jesús, debe demostrar firmeza y confianza. Jesús comenzó con el tipo de confianza y franqueza del cual frecuentemente carecemos.

Los niños tienen la experiencia universal de preguntar "¿Por qué?" tienen que hacer algo que no quieren hacer y siempre obtienen la respuesta "Porque lo digo yo". Los padres en esta situación no toman una posición arbitraria o tiránica. La simple y sencilla verdad es que los padres saben más que sus hijos, los padres entienden los factores que los hijos no pueden descifrar. En algunas circunstancias, los padres no pueden ofrecer una explicación que el niño pueda entender. En ese momento, el niño debe confiar que sus padres saben que es lo mejor.

Resista la tentación de explicar interminablemente lo que está haciendo o reciba la reacción de aquellos que le siguen. Trace su plan y manténgase apegado a él.

Esta es la razón por la cual Jesús dijo que los líderes debían ser siervos humildes y quebrantados. Si usted comienza como un líder personalista, pero no es humilde, pronto se verá caminando solo. Recuerde que como líder usted es un simple representante del Gran Líder.

ETAPA 2

Los discípulos son apáticos e incompetentes.
Los líderes se vuelven entrenadores.

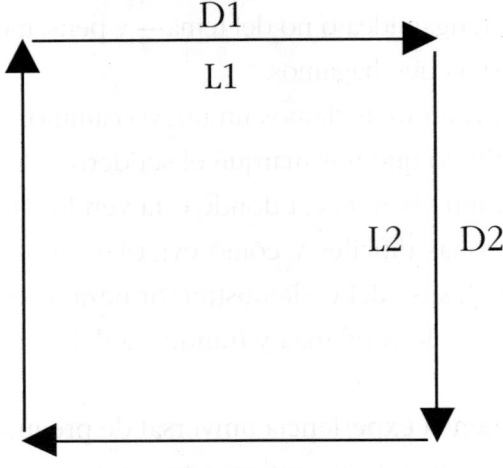

Ahora usted se encuentra trotando sobre la acera sujetando la parte trasera del asiento de la bicicleta. El niño está pedaleando. Los manubrios se tambalean por todas partes, pero él sigue pedaleando y diciendo: "¡Vamos!"

¿Y usted?

Usted sabe lo que va a pasar. Usted sabe que el niño no está listo para montar la bicicleta solo. Pero él insiste y pedalea tan rápido que no tiene más remedio. El asiento de la bicicleta se le escapa de las manos.

Un momento después la bicicleta se va al suelo y el niño lo mira con un raspón en la rodilla preguntándose qué fue lo que pasó. ¿Por qué lo dejo solo? Eso no fue divertido.

Eventualmente los discípulos de Jesús se dieron cuenta de que en realidad no tenían idea alguna de lo que estaban haciendo. La realidad se hizo presente. La diversión comenzó a desaparecer para los discípulos, dejando en su lugar a la presión. Peor aun, se dieron cuenta repentinamente que estaban siguiendo a un hombre que era completamente opuesto por todos aquellos con autoridad. Su líder era visto como una maldición por los líderes de la sociedad. Por su asociación con él, eran malditos también. Ellos se mantuvieron en este proceso de seguimiento hasta que se enfrentaron con la crisis.

Los discípulos habían seguido a Jesús y él les había dado el modelo sencillo de "Yo hago y ustedes miran". Luego comenzó a decirles: "Yo hago y ustedes me ayudan". Los envió fuera a hacer cosas que él había estado haciendo: predicar el evangelio, sanar a los enfermos, expulsar a los demonios. Envió a los Doce (Lucas 9:1, 2) y les ordenó alimentar a más de cinco mil personas (Lucas 9:10-17). Los discípulos pronto se sintieron abrumados y perdieron la confianza.

Luego nos encontramos con dos grupos que se odiaban profundamente el uno al otro, los herodianos y los fariseos, quienes habían venido juntos en contra de Jesús y sus seguidores (Lucas 11:53). En este punto los discípulos fueron presa de la desesperación. Su entusiasmo inicial desapareció, la realidad de su decisión de seguir a Jesús se hizo presente. Les faltaba confianza, experiencia y entusiasmo. Estaban ansiosos y se sentían vulnerables a la oposición que se había levantado en respuesta a la enseñanza de Jesús. Temieron literalmente por sus vidas. Quizás era tiempo de pasar desapercibidos. Jesús no hacía que las cosas fueran mejor. Él hurgaba en la llaga diciendo un montón de cosas radicales sobre los fariseos y los saduceos. Los discípulos pensaban, "Los está enojando aun más. ¡Nos van a matar!"

Ante el miedo de los discípulos, ¿cómo respondió Jesús? Cambio su estilo personalista de liderazgo por un estilo más de entrenador, más apropiado para la situación. Ahora comparte su visión y gracia con los discípulos. Ahora busca pasar más tiempo con ellos. Ahora comienza a darles explicaciones. Los presiona para que se den cuenta de la situación. Después de apretar la soga para eliminar su falso sentido entusiasta, está listo para poner manos a la obra. Finalmente, los discípulos están listos para escuchar. Comienzan a ir a lugares remotos para apartarse de la gente. Jesús pasa más tiempo a solas con sus seguidores para aliviar sus temores y ayudarlos a enfocarse en lo que significa llevar una vida del reino.

En el estilo de liderazgo de Jesús, la experiencia viene antes de la explicación. Los discípulos recibieron una experiencia de casi muerte de manos de los fariseos. Jesús aparece tras esta experiencia con una explicación de porqué no debían temer a estos eventos.

No tengan miedo, mi rebaño pequeño, porque es la buena voluntad del Padre darles el reino. Vendan sus bienes y den a los pobres. Provéanse de bolsas que no se desgasten; acumulen un tesoro inagotable en el cielo, donde no hay ladrón que aceche ni polilla que destruya. Pues donde tengan ustedes su tesoro, allí estará también su corazón.

—Lucas 12:32-34

En esencia, Jesús les está diciendo a los discípulos que olviden sus viejas seguridades. Quiere que hallen su seguridad en él. Hasta este momento, los discípulos probablemente pensaban que iban a pasar flamantemente por este magnífico reino de Dios. Ahora no estaban seguros de que alguien pudiera ganarlo, y ciertamente no creían que ellos pudieran hacerlo. Tenían miedo. Jesús le recuerda la gracia. No es lo que pueden hacer por Dios, sino lo que Dios puede hacer a través de ellos. Necesitaban entender que el reino de Dios es dado,

> El reino viene sólo por medio de la gracia, no por medio de las obras.

no ganado; recibido, no tomado. No podían hacer ellos mismos el trabajo del reino. El reino viene sólo por medio de la gracia, no por medio de las obras. Comenzaron a aprender y a creer esto.

La etapa 2 es cuando el entusiasmo comienza a disminuir y el sentimiento de incompetencia e inexperiencia toman la delantera. Las decepciones se acumulan, las expectativas no son satisfechas. La oposición y la dificultad se vuelven aplastantes. El discípulo olvida la visión y comienza a cuestionar qué tan bien la comprendió en un principio. No hay altas que compensen las bajas. Los discípulos se dan cuenta de que están mal equipados para aquello que se propusieron hacer y pronto caen en el profundo foso de la desesperación.

¿Tiene la idea?

Los discípulos van de un lado al otro tratando de descubrir qué es lo que deben hacer. Por lo general tratan de recuperar el entusiasmo de la etapa 1. Muchos de nosotros vamos de acá para allá y de allá para acá entre las etapas 1 y 2 una y otra vez. En lugar de permitir a Dios que nos tome completamente en medio de nuestra vulnerabilidad en la etapa 2, preferimos ignorar la situación y volver a la sensación que teníamos en la etapa 1. Pero pronto volvemos a entrar en la etapa 2. Si no tenemos un líder que nos lleve *a través* de la etapa 2, estaremos siempre entre el entusiasmo y la desesperación, con los dos a intervalos cada vez más cercanos. Debemos recibir la gracia que viene sólo de atravesar por completo la fase desagradable.

La etapa 2 es la más importante en el proceso de desarrollo del discípulo. El chico en la bicicleta comienza a pensar que tal vez después de todo no sea tan chévere aprender a montarla. Él había tenido una vida feliz hasta ahora sin dos ruedas, ¿por qué cambiar las cosas? ¿Usted desistiría de enseñar a este niño a montar bicicleta? Por supuesto que no. Usted le repite las instrucciones y sabe que esta vez el niño las tomará en serio. El ingenuo entusiasmo anterior se transforma en cuidadosa atención hacia usted.

El estilo de liderazgo que satisface las necesidades de esta etapa es uno de entrenamiento. El líder da instrucciones y demostraciones, pero ahora el líder invita a la discusión. ¿Está de verdad entendiendo el discípulo? ¿Se siente el discípulo en libertad de hacer preguntas en base a alguna experiencia? El líder está más disponible para el discípulo a un nivel personal.

Los líderes deben estar allí para ofrecer la gracia de Dios y alentar a un nivel personal, individual. Mientras los discípulos se hallan brincando del entusiasmo de la etapa 1 a la desesperación de la etapa 2, el líder puede ofrecer una escalera para salir del foso. Los dos peldaños de esta escalera son la gracia y la visión.

Cuando una persona atraviesa un momento de desaliento y desesperación, la visión es crítica. Cuando no se sabe hacia donde se está yendo o que es lo que se está buscando, se necesita de una visión. Presentar una visión a otros no significa pasar por alto la dura realidad. Ya se tratad e conducir una bicicleta, jugar fútbol o vivir como un discípulo, la visión simplemente permite a los aprendices decir: "Está bien, para esto me alisté. Es más difícil de lo que pensé, pero ahora estoy listo. Sigamos adelante".

La etapa 2 es el momento de prueba para cualquier líder, incluso si tan sólo está guiando a una sola persona. En esta etapa, aclare su programa y pase tiempo en el foso con la persona o personas que atraviesan la etapa 2. Si está en fase de enseñar a usar la bacinilla, esté listo para pasar tiempo en el baño con el niño aplaudiendo entusiastamente a cada señal de coopera-

> Cuando una persona atraviesa un momento de desaliento y desesperación, la visión es crítica.

ción. Si está enseñando geometría, esté listo para dibujar los segmentos y figuras una y otra vez, y para responder las preguntas una y otra vez. Si usted está guiando a un discípulo, esté listo para responder preguntas y dar explicaciones tanto como sea necesario.

En esta etapa del discipulado aprendemos que sólo podemos avanzar por la gracia de Dios, no por nuestros propios medios. La gracia es un concepto increíblemente difícil de entender para nosotros como seres humanos. Nos gusta pensar que estamos en control y que podemos cuidar de nosotros mismos. Cuando conocemos la gracia, aprendemos que no depende de nosotros, que sencillamente estamos siguiendo las instrucciones de Dios para cumplir su voluntad. Él siempre cumple lo que desea. Es asombroso lo que sucede cuando una persona puede sacar a otra del esfuerzo improductivo y llevarla a descansar en la gracia. La confianza comienza a crecer porque la persona ve la obra de Dios por medio de la gracia, y no los resultados del esfuerzo humano.

Una vez que dejamos de ir de un lado al otro entre las altas de la etapa 1 y las bajas de la etapa 2, estamos listos para avanzar.

PARA MÁS INFORMACIÓN SOBRE LOS PRINCIPIOS DEL CRECIMIENTO, VÉASE EL HEPTÁGONO, CAPÍTULO 20.

Capítulo 14

De aprendices a Líderes

Jesús invirtió metodológicamente en entrenar a sus discípulos de manera que pudieran continuar el trabajo que él había comenzado, llamar a la gente a formar parte del reino de Dios. Transformó en líderes a un grupo diverso de pescadores y recolectores de impuestos, y el mundano volvió a ser nunca el mismo. Somos aprendices para guiar a otros a Jesús. No hay meta mayor en la vida que hacer discípulos.

Veamos de cerca las etapas de aprendizaje y liderazgo que nos llevan de los momentos de desaliento al compromiso.

Etapa 3

Los discípulos crecen en confianza.

Los líderes están a abiertos a la discusión.

En la etapa 3 los discípulos comienzan a coger el truco a las cosas. Vuelve el entusiasmo, pero esta vez se basa en un mayor conocimiento real de lo que es la tarea. La confianza en la propia habilidad para cumplir con la tarea puede crecer o decrecer, pero generalmente un sentido de competencia se mueve en dirección ascendente. El conductor vuelve a la bicicleta, esta vez sabiendo que hay mucho que aprender. El niño puede estar diciendo: "¡No me sueltes! ¡No me sueltes!" pero lo cierto es que esta pedaleando más rápido y yendo en línea recta cada metro, y pronto a usted no le queda otro remedio que soltarlo. Puede pasar algo de tiempo antes de que el niño se percate de que usted ya no está con él. Cuando se da cuenta, grita emocionado: "¡lo estoy haciendo! ¡lo estoy haciendo!" Superar las dificultades de la etapa 2 tiene sus recompensas.

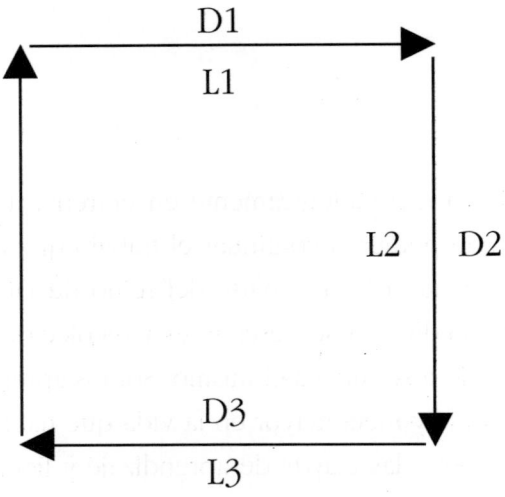

Iyabo tenía un nuevo trabajo maravilloso. Le encantaba, era el mejor trabajo que jamás hubiera tenido. Después de algún tiempo, sin embargo, comenzó a no ser el mejor trabajo de todos. De hecho, ni siquiera era un buen trabajo. Era tiempo de seguir adelante y encontrar otro trabajo. Quizás el mejor trabajo de todos, un trabajo que si le gustara en realidad. O quizás no.

Iyabo disfrutó la etapa 1 como discípulo, pero la etapa 2 fue desalentadora. En lugar de hallar la manera de superarla, ella prefería dejar el trabajo y encontrar uno nuevo en el que pudiera revivir los sentimientos de la etapa 1.

Al poco tiempo se dio cuenta de lo que estaba haciendo. Una vez que comprendió el Cuadrado, se dio cuenta de que las dificultades que experimentó en la etapa 2 era tan sólo eso, una etapa. Ella podía encontrar, con la ayuda de sus compañeros de trabajo, la forma de superar esta etapa. Iyabo sabe ahora que puede aplicar los principios del aprendizaje alrededor del Cuadrado a todas las situaciones. Ella ha comenzado a ayudar a sus amigos a hacer lo mismo, siendo el líder en lugar del aprendiz. Ha levantado un ministerio con niñas adolescentes en el centro de la ciudad y utiliza el Cuadrado como base para su ministerio. Ahora, a medida que avanza en el Cuadrado, lo hace en el papel de líder.

La frase que libera a un discípulo que atraviesa la etapa 2 es "Dios está a cargo". En este momento tenemos que reconocer la gracia y comenzar a incluirla en nuestro estilo de vida. Esto no es sencillo para la mayoría de nosotros, pero es lo que nos llevará al crecimiento y la madurez. Es lo que nos alejará de nuestra conducta infantil que nos lleva a ser presa fácil de todo viento de doctrina y a adoptar todo lo nuevo que aparece. Ir a aquella conferencia, comprar aquel nuevo libro, escuchar una nueva cinta, saltar de una iglesia a otra, todas estas cosas pueden ser un sustituto para crecer y ser los discípulos que Dios desea que seamos. Podemos escapar a esta trampa y entrar en un proceso de crecimiento gradual a medida que el Señor imparte la gracia en nuestros corazones. A medida que ponemos en práctica las lecciones aprendidas en la etapa 2, crecemos otra vez en confianza y vemos que nuestro entusiasmo aumenta.

En esta fase los Doce pasan mucho tiempo con Jesús. Una fuerte amistad nace entre el líder y los discípulos. Jesús pasa tiempo con los Doce para crear una intimidad que antes no habían experimentado con él. En esta etapa los llama sus amigos. Este es el reino en acción.

¿Qué estilo de liderazgo satisface las necesidades de los discípulos en esta etapa?

Ahora es el tiempo para el consenso. El líder es menos personalista y más abierto a la discusión como forma de aprendizaje. El líder es accesible y disponible para los seguidores para una relación personal.

El mayor tiempo de Jesús con los discípulos comenzó a producir una confianza creciente. En esta fase vemos un período de crecimiento en los discípulos. Este período de tiempo se caracteriza por un crecimiento menos directivo que en las etapas anteriores del discipulado. Jesús no comenzó su ministerio llamando a sus discípulos con este tipo de mensaje. No estaban listos para él. No los habría motivado a seguir a Jesús. Necesitaban pasar por las presiones, el desánimo y las amenazas hasta que alcanzaran su punto más bajo. Una vez allí, buscarían ayuda en Jesús y en ellos mismos.

El liderazgo ha cambiado dramáticamente del estilo personalista al consenso de la mayoría. Muchos líderes cometen el error de comenzar en esta fase. En un esfuerzo por ganar la aprobación, reciben toda sugerencia. Tratan de tener un estilo democrático desde el comienzo. Esto simplemente no funciona. Los seguidores tienen que pasar por las etapas 1 y 2 antes de tener la experiencia y visión para ofrecer opiniones y sugerencias creíbles. Si se da demasiado pronto poder de decisión a un discípulo, tanto el líder como el discípulo pronto saldrán fuera de curso. La visión se transforma en algo que se acomoda a muchas diferentes personas, siendo en muchas ocasiones no lo suficientemente sólida como para avanzar. Cada fase debe ser desarrollada por completo.

Hasta ahora, los discípulos habían estado trabajando en calidad de asistentes, haciendo lo que se les ordenaba sin ver en realidad el cuadro por completo. Pero ahora Jesús los llama sus amigos.

Y éste es mi mandamiento: que se amen los unos a los otros, como yo los he amado. Nadie tiene amor más grande que el dar la vida por sus amigos. Ustedes son mis amigos si hacen lo que yo les mando. Ya no los llamo siervos, porque el siervo no está al tanto de lo que hace su amo; los he llamado amigos, porque todo lo que a mi Padre le oí decir se lo he dado a conocer a ustedes.

—Juan 15:12-15

Los amigos tienen objetivos comunes y comparten juntos sus vidas. En este punto, las relaciones comienzan a tornarse cálidas. Hay comunión mutua. Ríen más. Todo se siente muy diferente a las etapas 1 y 2. Ahora los discípulos disfrutan pasar tiempo juntos, compartir la carga del trabajo, discutir sobre lo que habían escuchado y entendido después de las sesiones de enseñanza. En esta fase, Jesús tiene todo el tiempo del mundo para ellos.

> Los amigos tienen objetivos comunes y comparten juntos sus vidas.

Qué maravilloso debió haber sido para los discípulos, pasar tiempo juntos en sus barbacoas de la azotea, disfrutando la sensación maravillosa de escuchar a Jesús decirles que los consideraba sus amigos, sus mejores amigos. Los ama tanto que sería capaz de dar su vida por ellos.

Muchos cristianos llegan a esta etapa, especialmente en las iglesias. "¡Así es! ¡Somos amigos! ¡Abracémonos!" ¿Podría ser algo mejor? Hay más, aunque no necesariamente mejor según los estándares humanos.

En esta agradable etapa de la relación con sus discípulos, Jesús suelta una bomba.

Jesús les dice a sus discípulos que los dejará pronto. Les dice que irá a preparar un lugar para ellos en casa de su padre, y que ellos saben cómo llegar a donde él va. Los discípulos están confundidos. "¿De qué está hablando?" "Espera un minuto, ¿no acabas de decir que somos amigos? ¿Por qué nos vas a dejar?"

Los discípulos comienzan a sucumbir de nuevo a los sentimientos de la etapa 2. Esto le puede suceder con aquellos a quienes dirige. Tomás habló por todos diciendo: "Señor, no sabemos a dónde vas, así que ¿cómo podemos conocer el camino?" (Juan 14:5). Jesús responde con lo que quizás es la afirmación más importante en toda la historia de la humanidad: "Yo soy el camino, la verdad y la vida" (Juan 14:6).

Pero los discípulos aún no lo entienden. Están felices tal como están y no quieren que este maravilloso tiempo se acabe. Todo aquel dolor y sufrimiento del comienzo, y ahora esto. Los discípulos pensaban que los tiempos malos ya habían terminado. Podríamos decir incluso que tenían un exceso de confianza. ¿Por qué debían cambiar ahora las cosas?

Algo como esto puede suceder con los discípulos a quienes usted dirige a medida que se prepara para dejar el liderazgo. Pero recuerde, los discípulos tienen la visión, saben hacia qué dirección moverse.

Jesús estaba preparando a sus amigos para la fase final del discipulado.

ETAPA 4

Los aprendices son confiados y competentes.

Los líderes dan poca dirección y pocos ejemplos.

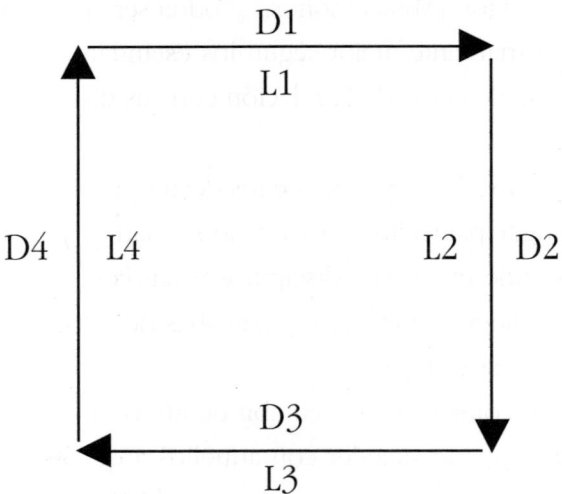

Ya hemos recorrido casi por completo el Cuadrado. En este "curso" el discípulo ha adoptado la visión y la ha puesto en práctica. El entusiasmo y la confianza son altas pero la experiencia también lo es. Todo esto hace que aumente el nivel de competencia para hacer el trabajo sin la ayuda del líder. En otras palabras, el discípulo está listo para ser líder y comenzar el Cuadrado de nuevo teniendo a otros como sus discípulos.

El alto entusiasmo de esta etapa no es sólo burbujas y espuma. Se base profundamente en la confianza producida por un fuerte sentimiento de experiencia y competencia. La etapa 3 produjo crecimiento y experiencia. La confianza que una vez se perdió ha regresado. El equipo ahora es competente. Los líderes toman en cuenta lo que el equipo piensa y buscan crear consenso. El líder depende menos de ser un ejemplo porque en esta etapa los discípulos ya deberían estar haciendo el trabajo.

¿Qué tipo de liderazgo necesitan los discípulos ahora?

> Los buenos líderes llevan a las personas hasta la etapa en la cual estén listos para aceptar responsabilidad delegada.

En esta etapa el líder ofrece poca dirección. En cambio, el líder pregunta a los aprendices más experimentados lo que piensan. Los aprendices están listos para participar en la discusión y contribuir en la planificación y la estrategia.

Es tiempo ahora de delegar autoridad y responsabilidad. Los buenos líderes llevan a las personas hasta la etapa en la cual estén listos para aceptar responsabilidad delegada. Delegar en los discípulos antes de esta etapa es una receta para el fracaso. Pueden pensar que están listos, pero mientras que no hayan atravesado por completo las tres primeras etapas, no estarán preparados. Como líder, usted podría llegar a encontrarse en la posición de "Tú lo haces, y yo lo arreglo". Esto no es crear nuevos líderes.

Los líderes deben buscar siempre dar su trabajo a personas que puedan hacerlo igual o mejor que ellos. El proceso de delegar pasa por cuatro etapas que guardan relación con las etapas del discípulo.

- Etapa 1 – "Yo hago, tú miras"
- Etapa 2 – "Yo hago, tú ayudas"
- Etapa 3 – "Tú haces, yo ayudo"
- Etapa 4 – "Tú haces, yo miro"

Escuchar continuamente la enseñanza de Jesús y ponerla en práctica echó raíces profundamente, fortaleciendo a los discípulos contra las inevitables tormentas de la vida. La confianza del discípulo descansa en Dios. El discípulo está listo para avanzar por sí solo.

Jesús se acercó entonces a ellos y les dijo: Se me ha dado toda autoridad en el cielo y en la tierra. Por tanto, vayan y hagan discípulos de todas las naciones, bautizándolos en el nombre del Padre y del Hijo y del Espíritu Santo, enseñándoles a obedecer todo lo que les he mandado a ustedes. Y les aseguro que estaré con ustedes siempre, hasta el fin del mundo.
—Mateo 28:18-20

Sin lugar a dudas, Jesús es apartado de sus discípulos. Es arrestado, juzgado y crucificado. Regresa de nuevo, sí, pero esta vez como el Señor resucitado. Ya no anda todo el tiempo con sus discípulos como lo hacía antes. Aparece sólo de vez en cuando y de las maneras más sorprendentes. Todas las puertas y ventanas están cerradas y de repente aparece Jesús (Juan 20:19). Sienten miedo y Jesús les dice: "Vayan a decirles a mis hermanos que se dirijan a Galilea, y allí me verán" (Mateo 28:10). Así que todos se van a Galilea. Buscan por todos lados pero no ven a Jesús. Si saber qué hacer entonces, vuelven a hacer la única otra cosa que saben hacer, se van a pescar. En la mañana, después de una noche infructífera de no conseguir un solo pez, ven a alguien en la playa (Juan 21:7). ¿Adivine quién es?

Jesús prepara a los discípulos para pasar menos tiempo con él. Reduce las horas de contacto con él porque ahora les está delegando autoridad. Él les está dando el trabajo que él había hecho, ellos serán sus representantes. En esta última etapa los discípulos son fortalecidos con confianza y competencia como resultado de su relación más profunda y experiencia ministerial con Jesús.

Hemos visto los cambios en el discipulado desde la primera fase cuando Jesús dice: "Vengan, síganme" hasta la última etapa donde dice, "Vayan al mundo a hacer lo que yo les he enseñado a hacer". A medida que las etapas del discipulado crecen y cambian, Jesús ajusta su liderazgo según convenga. Llevó a sus discípulos a través de un proceso de desarrollo para equiparlos para su nueva tarea: llevar el evangelio a todo el mundo.

En este momento, Jesús dice: "Vayan y hagan lo que yo he hecho. Hagan discípulos".

CAPÍTULO 15

PARA TODO LO QUE FUISTE HECHO

*D*ios no espera que usted sea quien no es.

¿Esto le trae algún alivio?

Dios tiene cántaros llenos de gracia para verter sobre nosotros, pero debemos estar donde caerá el chaparrón. Cuando transitamos el camino que Dios nos ha señalado, descubrimos gracia más allá de nuestras expectativas.

Dios no espera que usted sea quien no es, pero sí desea que sea todo aquello para lo cual fue hecho. Cuando sabemos para qué hemos sido diseñados y llamados a hacer, podemos evitarnos un montón de sufrimientos en áreas para las cuales no fuimos hechos. Si sabemos quién nos ha hecho Dios, podemos dejar de tratar de ser quien no somos y dejar la tensión que viene de vivir este tipo de vida. Dios le hizo para encajar en un cierto lugar donde le pueda servir mejor, en donde él pueda verter su gracia sobre usted.

Uno de los papeles del ministerio que discutiremos en los capítulos siguientes es el de Profeta, o uno a través de quien Dios revela inspiradas revelaciones. Bueno,

> Dios no espera que usted sea quien no es, pero sí desea que sea todo aquello para lo cual fue hecho.

pensar en una persona que típicamente cumple este rol profético en su ministerio y repentinamente incursiona en la enseñanza. Pasa horas y horas preparando las lecciones, sin sentirse nunca completamente seguro de que lo está haciendo bien. Una vez que la lección comienza, sus estudiantes frecuentemente parecen confundidos, desorganizados o distraídos. No importa cuánto lo intente, el profeta transformado en maestro no puede hacer que las cosas salgan bien en términos de enseñar su clase y la frustración aumenta. ¿Cómo le iría a esta persona como pastor principal o incluso como líder de un grupo pequeño? ¿Haría un buen trabajo? ¿Llegaría siquiera a disfrutar el trabajo?

Descubrir y reconocer aquello para lo cual Dios le hizo le asegurará estar bajo la lluvia de gracia y no junto a ella. Así que veamos cómo descubrir cuál es su sitio para que pueda estar bajo esta lluvia de gracia y recibir un sano empapado y no sólo un salpicado.

Un Don Espiritual No Es Su Miniterio

Varios pasajes del Nuevo Testamento se refieren a los dones de la iglesia, incluyendo 1 Corintios 12, Romanos 12, 1 Pedro 4, y Efesios 4. La mayoría hemos leído que Dios nos ha dado uno o varios de los dones enumerados en estos pasajes. Puede pasar por equis número de ejercicios y programas elaborados con la intención de ayudarle a descubrir su don espiritual. Sin embargo, existe una importante distinción entre don espiritual y función. Un don espiritual no es un ministerio en sí mismo. Es, en cambio, una herramienta a la mano a usar en el trabajo. El trabajo es el rol o función para la cual usted está llamado. Para ayudar a diferenciar los dones del rol específico, veamos el contexto de dos de las iglesias del Nuevo Testamento que recibieron estas cartas.

Tanto 1 Corintios 12 como Romanos 12 contienen listas de dones. Muchos maestros de Biblia toman ambas listas, eliminan las repeticiones, y elaboran una lista exhaustiva de dones espirituales. Especulan sobre por qué las listas no son iguales. Sugieren que las habilidades especiales que no están en esta lista son "talentos" y no dones espirituales.

Lo que con frecuencia pasamos por alto es que Pablo escribió estas cartas a iglesias diferentes que enfrentaban problemas distintos. Escribió a ambos cuerpos, las iglesias de Corinto y Roma, para enseñarles sobre la gracia y cómo aplicarla a sus situaciones particulares. Pablo dirigió su enseñanza a dos objetivos diferentes.

La iglesia cristiana en Corinto tenía preguntas sobre la conducta cristiana cuando los creyentes se reunían para la adoración o el compañerismo. Pablo había escuchado de algunas prácticas que lo preocuparon y la iglesia le envió una carta con preguntas específicas. En 1 Corintios, Pablo dedica cuatro capítulos a instrucciones sobre la adoración pública. Se refiere a problemas surgidos de las particulares reuniones de esta iglesia. La iglesia de Corinto luchó para entender la adoración en grupo. Como parte de su instrucción sobre la adoración, Pablo escribe sobre los dones espirituales.

En 1 Corintios 12, Pablo explica que los creyentes deberían esperar que el Espíritu Santo se hiciera presente cuando estuvieran reunidos. La palabra clave para entender cómo el Espíritu Santo trabaja es "manifestación" en el versículo 7. En griego, la palabra es *phanerosis*, que significa la revelación o iluminación que Dios da. La palabra en nuestro idioma que utilizamos para esto tiene sus raíces en el término latino para "la mano danzante". ¿No es fabuloso? La mano danzante del Espíritu Santo cae sobre ciertos individuos durante la reunión, haciendo que estos pongan en práctica uno o más de los dones: sabiduría, palabra de conocimiento, lenguas, profecía, y así sucesivamente. Todos pueden recibir cualquiera de estas manifestaciones, la mano danzante, del Espíritu Santo mencionadas en 1 Corintios 12.

Pablo estaba diciendo que en la adoración en grupo el Espíritu caería sobre ciertos individuos, dándoles dones para el momento. Estos no son funciones permanentes; no poseemos estos dones como nuestro propio "ministerio". La clave de los dones es el espíritu moviéndose como una mano danzante cuando estamos reunidos, dispensando la gracia según sea necesaria.

Pablo explica que los creyentes deberían esperar que el Espíritu Santo se hiciera presente cuando estuvieran reunidos.

Ahora pasemos a Roma, donde la iglesia enfrentaba un grupo diferente de problemas prácticos. La carta a los Romanos es bastante teológica, con mucha enseñanza doctrinal. Pablo explica cuidadosamente la fidelidad de Dios al traer salvación a la gente que no la merece. Y ninguno de nosotros la merecemos. Todos somos pecadores. Todos estamos bajo sentencia de muerte. Pero en Cristo, Dios nos da la justicia que necesitamos. Somos todos justificados por medio de la fe.

En Roma, judíos y gentiles no se veían como semejantes entre sí como lo deseaba Pablo. A pesar de tener una fe común, la iglesia luchaba con la división étnica. No estaban funcionando la iglesia unida que Dios deseaba que fueran.

En Romanos 12, Pablo trata de ayudar a la iglesia de Roma a superar la creciente rivalidad y división que existía entre judíos y gentiles. Les ruega, teniendo cuenta todo lo que les ha explicado sobre la misericordia y la gracia de Dios, llevar vidas de sacrificio. Pablo desea que dejen de discutir y que comiencen a vivir el uno para el otro. Sacrificio y servicio son el contexto de este pasaje. Pablo les da algunos ejemplos prácticos: Si su don es la enseñanza, manténgase enseñando. Si su don es dar ayuda a aquellos en necesidad, mantenga los ojos abiertos a las oportunidades. Su intención no es elaborar una lista exhaustiva de roles dentro de la iglesia, sino tan sólo unos cuantos ejemplos usados para explicar un tema.

Tanto Romanos como 1 Corintios fueron escritos para iglesia específicas que enfrentaban problemas y circunstancias específicas. En contraste, la carta a los Efesios no fue escrita tan sólo a una iglesia para un momento especial en el tiempo, sino para todas las iglesias de la región de Asia Menor. Pablo parece dejar de lado los saludos personales que son normales en muchas de sus cartas porque sabía que esta carta sería leída en toda la región. No se refiere a problemas específicos, sino a esbozar enseñanzas fundamentales de cómo debía funcionar una iglesia. Pablo escribió para ampliar la comprensión de los creyentes sobre el propósito de Dios y de su papel en él. Dios tiene metas altas para la iglesia, y él ejecuta estas metas en la vida diaria de los creyentes. En Efesios, Pablo comparte las funciones de todos los creyentes dentro de la iglesia a medida que sirven al propósito de Dios.

Los Cinco Ministerios Son Para Todos

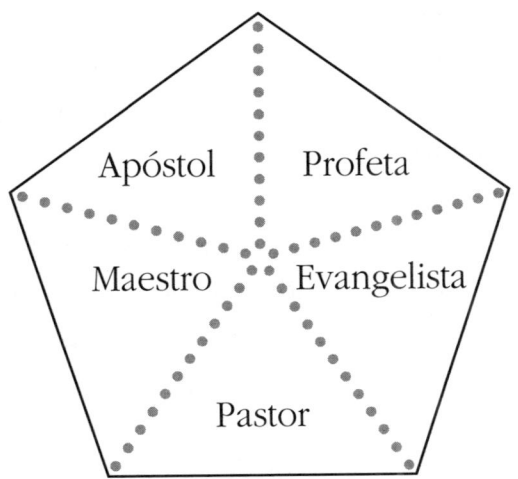

Pero a cada uno de nosotros se nos ha dado gracia en la medida en que Cristo ha repartido los dones... Él mismo constituyó a unos, apóstoles; a otros, profetas; a otros, evangelistas; y a otros, pastores y maestros, a fin de capacitar al pueblo de Dios para la obra de servicio, para edificar el cuerpo de Cristo. De este modo, todos llegaremos a la unidad de la fe y del conocimiento del Hijo de Dios, a una humanidad perfecta que se conforme a la plena estatura de Cristo.

—Efesios 4:7, 11-13

"Pero a cada uno de nosotros..."

Tradicionalmente se enseña que los cinco ministerios de este pasaje son cinco roles para los líderes de la iglesia. Pero, ¿qué hay de esta frase, "Pero a cada uno de nosotros..."?

"A cada uno" se refiere a cada miembro de la iglesia, no sólo a los líderes. Cada uno de nosotros hemos recibido una porción de la gracia en al menos uno de estos cinco roles. Esta gracia viene a nosotros en la forma de un llamado a ser uno de estos cinco tipos de personas. No hay mención al liderazgo en este pasaje. Esto no es sólo para quienes han sido ordenados o han pasado por un seminario. Los cinco ministerios de Efesios 4 son para usted y para mí, para "cada uno de nosotros".

"...se nos ha dado gracia en la medida en que Cristo ha repartido los dones"

Los cinco roles son aplicables a todos los miembros del cuerpo de Cristo en grados diversos. Pablo dice que Jesús, por el don de su gracia, ha fortalecido y equipado a cada uno de nosotros para el servicio. Todos hemos recibido porciones diferenciadas de gracia y unción. Cada uno de nosotros recibimos parte del todo. El ministerio de Cristo demuestra por completo los cinco roles de apóstol, profeta, evangelista, pastor y maestro. Como miembros de su cuerpo, recibimos al menos uno de estos cinco cargos, dependiendo de los otros para las áreas en las cuales no hemos recibido dones.

"Él mismo constituyó a unos, apóstoles; a otros, profetas; a otros, evangelistas; y a otros, pastores y maestros, a fin de capacitar al pueblo de Dios para la obra de servicio, para edificar el cuerpo de Cristo."

Estos cinco dones de la gracia parecen ser los elementos necesarios para preparar a las personas para el servicio y edificación de la iglesia. Cada persona recibe una porción de la gracia para cumplir un rol ministerial como apóstol, profeta, evangelista, pastor o maestro.

"De este modo, todos llegaremos a la unidad de la fe y del conocimiento del Hijo de Dios, a una humanidad perfecta que se conforme a la plena estatura de Cristo."

Cuando cada persona trabaja, por gracia, en el rol dado por el Espíritu Santo, el resultado es la unidad en la fe, un crecimiento continuo en el conocimiento personal de Jesús, y madurez o perfección, lo cual lleva a alcanzar la plena estatura de Cristo.

Cuando vemos cada parte del pasaje en contexto, vemos claramente que los dones de Efesios 4 son roles o funciones dadas a cada creyente. Los dones mencionados en 1 Corintio y Romanos son herramientas para capacitar al creyente a funcionar más efectivamente en estos roles.

Cuando los roles de apóstol, profeta, evangelista, pastor y maestro operan efectivamente dentro de la iglesia, entonces todas las personas están siendo preparadas para el servicio y están siendo edificadas. Los resultados son la unidad, el conocimiento de Cristo, la madurez espiritual y la plena estatura de Cristo. ¡Qué imagen tan maravillosa de cómo debería lucir la iglesia! Qué liberador es saber que no tiene que hacerlo todo. Ninguno de nosotros tiene que hacerlo todo. Dios ha llamado a cada uno a formar parte de su cuerpo. Él siempre cumplirá lo que desee hacer.

SERVIR AL REY SIERVO

Nuestra fuente para cada LifeShape es Jesús. A medida que observamos los cinco ministerios del Pentágono podemos preguntarnos cuál era el rol de Jesús. La respuesta es, por supuesto, todos ellos. Jesús desempeñó los cinco roles en su ministerio en la tierra. Esto significa que él es nuestro modelo sin importar cuál sea nuestro ministerio particular.

En cada LifeShape, se nos recuerda que Jesús vino como siervo. Los siervos no sirven al dar su tiempo, talentos o posesiones. En tiempos de Jesús, los siervos no tenían nada que dar. Nada. Los siervos deben recibir antes de que puedan dar. Jesús dijo a sus discípulos: "El Padre ama al Hijo, y ha puesto todo en sus manos" (Juan 3:35). Jesús vino a este mundo como siervo con nada más que lo que recibió del Padre.

Dios no espera que usted sea quien no es. Pero él sí quiso que usted fuera un ministro siervo, sabiendo que no tiene nada que ofrecer excepto aquello que Dios mismo le de.

> ... un ministro siervo ... no tiene nada que ofrecer excepto aquello que Dios mismo le de.

¿Debemos dar empujones y pelear entre nosotros para determinar cuál ministerio es el más importante? ¿Debemos colocarnos por encima de nuestros ministros siervos compañeros? Por supuesto que no. A medida que consideramos cada ministerio, y usted encuentra su rol, recuerde que estamos siguiendo a Jesús, el Rey Siervo.

CAPÍTULO 16

ZAPATERO A TU ZAPATO

*A*póstol. Profeta. Evangelista. Pastor. Maestro. Estas son palabras de gran calibre, ¿no es cierto?

No es idea de Dios llenarnos de carga con estas palabras. La idea de Dios es liberarnos con estas palabras. Dios hizo a cada uno de nosotros para servirlo, pero le servimos de diferentes maneras. Debemos recordar que Dios nos hizo como un pueblo íntegro, no somos figurines recortados de cómo somos en casa, en el trabajo o en la iglesia. Nuestras personalidades entretejen todos los aspectos de nuestras vidas. Las características que nos hacen quiénes somos se manifiestan ya sea que estemos en el supermercado o en un servicio dominical. Dios sabe exactamente como quiere poner a trabajar nuestras personalidades. Efesios 4 nos habla de cinco áreas de ministerio. A pesar de lo grave que suenan estas palabras, encontramos generalmente que nuestras personalidades se reflejan en estas cinco áreas. Veamos primero cada una de ellas detenidamente. Luego, será capaz de examinar su propio ministerio básico y las fases de su servicio en el reino de Dios.

> Dios hizo a cada uno de nosotros para servirlo, pero le servimos de diferentes maneras.

Serví como pastor de la misma iglesia y en la misma comunidad por más de 30 años. Sin embargo, ese tiempo estuve todo menos aburrido. La comunidad en la cual viví estaba en las afueras de la ciudad de Nueva York y la población cambiaba constantemente a medida que la gente era transferida de empleo en la zona. Aunque yo siempre estuve en el mismo sitio, reconozco que era "enviado" a una nueva congregación cada cinco años. Los retos de mi ministerio cambiaban a medida que la mezcla de personas en mi congregación cambiaba también.

—PASTOR DAVID

APÓSTOL

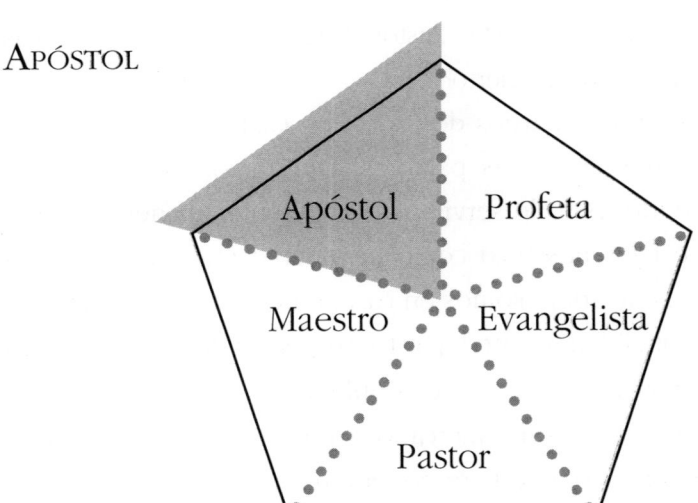

Un apóstol es alguien que es "enviado". Los apóstoles son visionarios y pioneros, siempre deseosos de entrar en nuevos territorios. Les gusta establecer nuevas iglesias o ministerios. Proponen nuevos e innovativos medios de hacer el trabajo del reino. Disfrutan soñar y realizar tareas nuevas y retadoras. El cambio siempre es algo bueno. Los exploradores del lejano Oeste en los Estados Unidos fueron este tipo de personas. Si Lewis y Clark no hubieran realizado su viaje de exploración, ¿quién sabe cómo serían los Estados Unidos hoy en día? Los nombres de personas de este tipo que usted conoce deben estar viniéndole a la mente justo ahora, no por haber sido pioneros del Salvaje Oeste, sino porque parecen no poder estarse quietos; constantemente están buscando algún nuevo interés que explorar. Los emprendedores de negocios son otro ejemplo de este tipo de personas, alguien con ansias de conquistar la próxima frontera de negocios, sólo para proseguir tras algún otro nuevo reto después.

Jesús es Aquel que fue enviado por Dios (Juan 3:16). A cambio, el preparó a otros para ir a la próxima frontera del reino. Los doce discípulos no permanecieron en Jerusalén por mucho tiempo. Fueron a todas partes del imperio romano. Pablo encontró a Jesús inesperadamente en el camino a Damasco y se transformó en apóstol a los gentiles. Priscila y Aquila eran creyentes de Roma siendo luego pioneros con Pablo en la creación de nuevas iglesias.

PROFETA

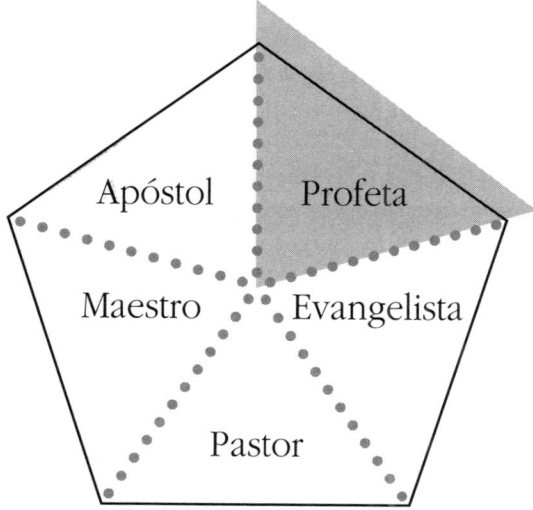

El profeta oye y escucha a Dios. Algunas veces el profeta es aquella persona que puede apartarse de las circunstancias para tener una imagen clara de lo que está sucediendo. Esta claridad de visión da como resultado soluciones creativas y una visión de las situaciones que otros no tienen. Los profetas entienden bien las circunstancias y lo que las personas deberían hacer en ellas. Disfrutan estar a solas con Dios, esperando y escuchando. En el mundo en general, las personalidades tipo profeta son con frecuencia personas creativas —músicos, artistas—, gente que expresa sus percepciones.

S iendo estudiante universitario estuve involucrado en la dirección de estudios bíblicos y la adoración en mi iglesia. La gente a mi alrededor realmente parecía apreciar mi ministerio y me lo hacían saber. Sentí que era bueno en lo que hacía. Sin embargo, la mayoría del tiempo me sentía como una clavija cuadrada dentro de un hoyo redondo. Simplemente no me sentía a gusto, algo no estaba bien.

Luego me encontré a mi mismo charlando con un equipo ministerial sobre si era posible o no *escuchar* la voz de Dios. ¿Es posible saber exactamente lo que Dios está diciendo? Al principio me pareció que la conversación era un poco extraña. Pero no pasó mucho tiempo cuando me hallé en aquella posición: me encontraba en una situación en la que tenía la sensación clara de lo que iba a suceder. Y tuve razón. A medida que miraba a las personas, versículos específicos de la Biblia venían a mi mente que eran específicamente aplicables a aquellas personas. Cuando un amigo me pidió orar por él, escribí todo lo que sentí que Dios me estaba diciendo sobre la situación. Más tarde, todo lo que había escrito sucedió. Fue luego cuando me di cuenta de que quizás era bueno enseñando, pero que tenía un fuerte don profético. De hecho, *escuché* a Dios.

—ELISEO

Cada palabra salida de la boca de Jesús fue una revelación de Dios. Con frecuencia predijo eventos, como la negación de Pedro y los detalles de su propia muerte. Él mismo es el cumplimiento de profecías del Antiguo Testamento, como Isaías 53, que predecía la venida del Mesías.

En Lucas 2, Ana y Simón profetizaron sobre el bebé Jesús, reconociéndolo como la salvación que Dios daría a su pueblo. En Hechos 11:28, Agabo predijo una hambruna severa que afectaría al mundo romano y luego, en Hechos 21:11, tomó el cinto de Pablo y profetizó sobre el encarcelamiento de Pablo. Las hijas de Felipe, mencionadas en Hechos 21:9, fueron conocidas todas como profetizas.

Aunque trabajo como pastor, soy un evangelista en mi corazón. Aprender los principios del Pentágono me ha ayudado. Fue recibir la libertad de permitirme obrar como Dios me hizo, en mi área de ministerio. Es como hacer la alineación de las ruedas del carro, te permite andar en la dirección correcta.

—WALT

EVANGELISTA

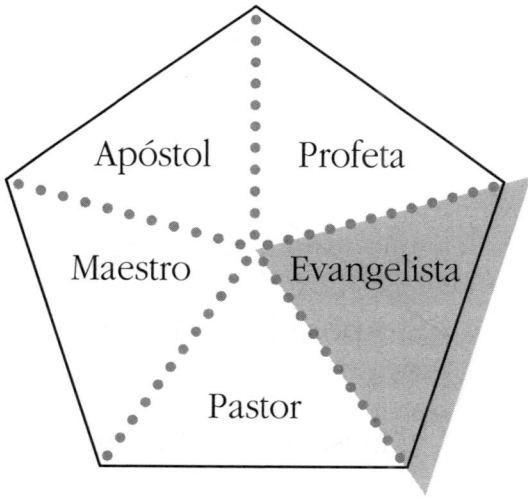

El evangelista lleva las Buenas Nuevas y comparte el mensaje con facilidad. A los evangelistas les encanta pasar tiempo con inconversos y frecuentemente recuerdan a los cristianos que todavía hay inconversos en el mundo. No todos los evangelistas son necesariamente Billy Graham, peor todos tienden a ser "reúne-gentes". Cuando entrar a un habitación, atraen a todo el mundo y, de alguna forma, hacen que cada persona se sienta como si fuera la única que importa. Los vendedores, los políticos, y los representantes de relaciones públicas son buenos ejemplos seculares de personalidades del tipo evangelista.

Los evangelistas conocen la Palabra y pueden hacerla relevante ante los inconversos. Les gustan las discusiones y compartir su punto de vista. A doquiera que van parecen hacer que los demás hablen sobre Jesús. Son apasionados en cuanto a compartir el evangelio. No son tímidos en cuanto a su fe y parecen tener facilidad para compartirla con otros regularmente. Quizás usted conozca a personas como esta.

Jesús personificó las Buenas Nuevas. Él *fue* las Buenas Nuevas. Su encuentro con la mujer samaritana junto al pozo en Juan 4 es un buen ejemplo de Jesús el evangelista en acción. Se atrevió a cruzar las barreras culturales y hablar a alguien desdeñado por el mundo.

En Hechos 8:12, la gente creyó a Felipe cuando predicó las Buenas Nuevas del reino de Dios.

PASTOR

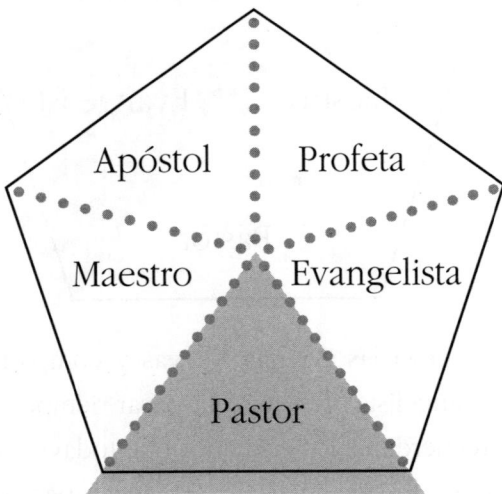

Un pastor se preocupa por otros con un corazón tierno. El pastor ve las necesidades, provee ayuda y alienta a otros. El pastor pasa la mayor parte de su tiempo con otros cristianos. Pueden establecer empatía con otros fácilmente y exhibir mucha paciencia con aquellos en necesidad. Los consejeros, trabajadores sociales, enfermeros y otros profesionales de las áreas de cuidado y atención social son buenos ejemplos de la vida en general. Usted puede tener un amigo que quizás no tiene ninguna de estas profesiones pero es alguien con quien las personas encuentran que es fácil hablar. Los pastores disfrutan las conversaciones personales y mostrar hospitalidad. Sienten la carga de los problemas de las demás personas y se les hace sencillo hablar la verdad en amor. Son buenos para escuchar y son personas con las que se puede hablar y compartir los sentimientos íntimos.

Por mucho tiempo no me di cuenta de cuál era mi ministerio permanente. Pensé que quizás era el pastorado, porque sienta estaba profundamente consciente de las necesidades de las demás personas a mi alrededor y sentía la urgencia de hacer algo para satisfacer tales necesidades. Pero me sentía poco conmovida e incómoda cuando alguien necesitaba mi hombro para apoyarse. "¿Se puede tener un ministerio pastoral cuando no te gusta estar con la gente?", me preguntaba. Luego entendí que expresaba mi compasión al crear sistemas de ayuda para grandes cantidades de personas en lugar de ministrarlas una por una.

—LOUISE

Jesús se refirió a sí mismo como el Buen Pastor quién vino para cuidar de su pueblo (Juan 10). El pastor conoce el nombre de cada una de sus ovejas y las ama lo suficiente como para dar su vida por ellas.

En Hechos 15:36-40, Bernabé demuestra un corazón pastoral. Él estaba viajando con Pablo y ambos deseaban regresar para ver cómo estaban las personas que habían visitado antes. Bernabé deseaba también dar a Juan Marcos una segunda oportunidad, después que éste había fallado en su trabajo con Pablo y Bernabé.

Cuando leí por primera vez el cuestionario de los cinco ministerios, me molestó mucho el hecho de resultar ser un maestro. Acababa de completar mi prime año de enseñar en una escuela y había sido un tiempo muy difícil y doloroso. Miembros del personal de la escuela me habían dicho que quizás me había equivocado de carrera y había perdido toda mi confianza. Pero cuando leí en LifeShapes que un maestro es alguien que revela la verdad a otros, comencé a ver las cosas de manera diferente. Descubrí que un maestro tiene un papel más amplio que sólo dar información, significa guía, discipulado. Comencé a aconsejar a mujeres jóvenes en nuestra iglesia y me encantó. Pero una de las más grandes experiencias ha sido enseñar el curso de LifeShapes. Me encanta abrirle los ojos a la gente a las verdades que antes no habían visto.

—*JANELLE*

MAESTRO

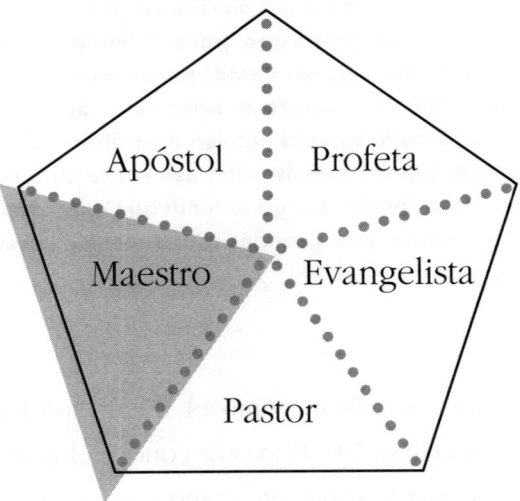

El maestro lleva por delante la Verdad y se emociona con ella. Los maestros buscan maneras de explicar, ilustrar y aplicar la verdad. Disfrutan leer y estudiar la Biblia y ayudar a otros a entenderla. En la vida en general, vemos este tipo de personas en los conferencistas, profesores y entrenadores de distinto tipo.

Jesús fue con frecuencia referido como Maestro o Rabi. Sus "estudiantes" con frecuencia recalcaban que su enseñanza era diferente porque él enseñaba con autoridad.

En Hechos 18, Priscila y Aquila ejercieron su oficio de hacer tiendas con Pablo en Corinto después que los judíos fueron expulsados de Roma. Ellos viajaron con Pablo a Éfeso. Después que Pablo dejo Éfeso, un hombre llamado Apolos apareció. Él enseñaba con gran entusiasmo pero había cosas que aún no conocía. Priscila y Aquila lo invitaron a su casa y le explicaron el camino de Dios. Apolos pasó entonces a tener un fructífero ministerio de enseñanza.

MINISTERIOS PERMANENTES Y TRANSITORIOS

Cada uno de nosotros tiene un don que representa uno de los cinco ministerios mencionados en la carta a los Efesios. Este ministerio es dado por Dios y es para toda la vida. Es lo que llamamos un "ministerio basado en el don".

Junto a este, encontramos períodos de tiempo particulares cuando Dios nos lleva a descubrir y entender los otros ministerios por un corto tiempo. Esto es lo que llamamos ministerios temporales o transitorios. Todos tenemos un ministerio permanente y al menos un ministerio temporal en un momento dado.

Por ejemplo, el Señor pudo llamarle a ir a un corto viaje misionero (evangelista) o enseñar un curso bíblico (maestro), pero puede ser que ni el uno ni el otro sea el ministerio con el cual usted se sienta más cómodo. El Se-

> Todos tenemos un ministerio permanente y al menos un ministerio temporal en un momento dado.

ñor puede darle una visión y gracia para iniciar un nuevo ministerio dentro de su iglesia que requiera que usted sea más apostólico. Su ministerio permanente, sin embargo, es el de maestro. Usted se siente revigorizado por el nuevo reto y da lo mejor de sí confiando en que el Señor le ayudará, pero eventualmente la presión de trabajar fuera de su ambiente natural hace que desee volver al área que realmente ama y para la cual se siente capacitado.

Su ministerio permanente será aquel que lo refresque, aquel que más le apasione. El Señor, sin embargo, lo hará madurar llevándolo a través de todos los demás ministerios por ciertos períodos. A medida que experimente en ministerios de otras áreas, su ministerio permanente se volverá más rico y equilibrado.

¿Recuerda a Louise? Después de varios años, completó de nuevo el cuestionario de los cinco ministerios. Esta vez resultó que era una "apóstol". El cambio reflejó su experiencia de dirigir un pequeño grupo por dos años y estar en posición de expresar la necesidad de desarrollar nuevas ideas. El resultado del cuestionario cambia a medida que se gana experiencia en la vida y en el ministerio. Si usted desea descubrir su ministerio, no puede evadir probar en el liderazgo. Cuando tiene la oportunidad de expresarse, usted descubre exactamente para qué fue hecho. Sin embargo, también tiene que involucrarse en aquellas otras áreas que no disfruta naturalmente. ¡Luego descubrirá cuánta gracia requieren tales áreas!

UNA ADVERTENCIA

Es sencillo caer en la trampa de cree que es necesario sobresalir en los cinco ministerios todo el tiempo. Esto sólo hace que terminemos exhaustos y que fallemos en enfocarnos adecuadamente en nuestro ministerio permanente. Peor aún, no estará dejando espacio para que otros exploren sus ministerios permanentes.

¿Cómo sabe que el tiempo de su ministerio transitorio se ha terminado y es el momento de volver al permanente? Por lo general la energía y el entusiasmo se agotan. Ve que sus esfuerzos producen menos frutos y bendiciones, a pesar de que trabaja con la misma intensidad. Eventualmente experimenta menos paz sobre lo que está haciendo. Comienza a pensar en volver a hacer lo que realmente ama y lo que le resulta natural. La idea de volver a su ministerio permanente es la única cosa que le dar algo de paz.

No todos hemos sido llamados a ser pastores, pero todos estamos llamados a preocuparnos por las demás personas.

No todos hemos sido llamados a ser maestros, pero todo hemos sido llamados a defender la Verdad.

Todos tenemos la responsabilidad de aprender cómo escuchar la voz de Dios, algo que le resulta más sencillo a un profeta. Todos estamos llamados a compartir las Buenas Nuevas con otros, pero esto saca de su zona de seguridad a todos aquellos que no han sido llamados para ser evangelistas.

Tampoco todos somos apóstoles, pero todos debemos aprender a hacer aquello que Dios nos pide hacer, sin importar lo incómodos que estemos.

Somos el cuerpo de Cristo, lo que significa que justos representamos el ministerio de Jesús, quien fue la personificación de los cinco ministerios de Efesios 4. Él es el modelo perfecto del ministerio del Espíritu. Al experimentar las cinco áreas del ministerio, ya sea de manera temporal o permanente, crecemos más en la semejanza y el carácter de nuestro Maestro.

CAPÍTULO 17

ENCONTRANDO — Y DOMESTICANDO —
LA FRONTERA

*A*hora que ya sabe que cada miembro del cuerpo está equipado con uno de los cinco ministerios como don, puede estar preguntándose, "¿Cómo hago para saber cuál es el mío?"

Una de las mejores formas en las que puede comenzar a descubrir su ministerio del don es echar un vistazo a su propia personalidad, de manera sincera y honesta. ¿Es usted introvertido o extrovertido? Esto no tiene que ver en absoluto con su grado de confianza. Ser introvertido no significa tener falta de confianza. Por otro lado, no todos los extrovertidos se sienten confiados todo el tiempo, aunque así lo aparenten en el exterior. Ser introvertido o extrovertido tiene que ver con la forma en que usted funciona y procesa la información. Saber su tipo le podrá dar una clave para descubrir su don particular. Las personas extrovertidas frecuentemente piensan al hablar sobre las cosas con otras personas. Estar en la compañía de otros y participar en actividades de grupo refresca a un extrovertido. La persona extrovertida tiende a trabajar bien con cosas que son inmediatas y pueden ser vistas rápidamente. Los extrovertidos pueden improvisar con toda facilidad. Muchos apóstoles, profetas y evangelistas tienden a ser extrovertidos.

Las personas introvertidas piensan al procesar internamente las cosas. Un introvertido se refresca y recarga baterías al reflexionar y pasar tiempo a solas. Los introvertidos son con frecuencia personas creativas. Algunos de los escritores, pintores y compositores más grandes de la historia han sido introvertidos. Los predicadores introvertidos se sienten mucho más confiados cuando tienen escrito su sermón completo y frente a ellos. Los pastores y maestros tienden a ser introvertidos.

Obviamente esta no es una manera clara de definir el ministerio propio. Muchas personas caen en el medio del continuum entre introversión y extroversión. Otra manera de determinar cuál es el ministerio propio es establecer si se es un pionero o un colono.

ABRIENDO EL CAMINO

Los Estados Unidos deben su existencia al gran esfuerzo de los pioneros y colonos. Fueron los pioneros quienes salieron para trazar el mapa de la tierra más allá de las colonias originales. Conocieron a personas que lucían, vivían y hablan de manera diferente a la de ellos. Los pioneros comieron alimentos extraños, aprendieron nuevos idiomas y descubrieron nuevas rutas para viajar. No tenían mapas que los guiaran, ellos eran los que estaban haciendo los mapas. los pioneros establecieron pueblos y ciudades para los colonos que vendrían después de ellos.

Los colonos no eran menos duros que los pioneros; ellos también tendrían que superar sus propias situaciones difíciles. Llevar una carreta llena de enseres domésticos a través de las Montañas Rocosas no era pan comido. Los pioneros podían haber fundado un pueblo de madera y piedra, pero eran los colonos quienes establecían las leyes para mantener aquel pueblo a salvo. Los colonos construyeron escuelas para educar a las futuras generaciones. Los colonos perseveraron en medio de climas terribles y transformaron las praderas en fértiles tierras de labranza. Si alguien se enfermaba o resultaba herido, iba al hospital que los colonos habían construido y era atendido por los doctores y enfermeras que se habían establecido en aquel pueblo para ayudar y servir.

Tanto los pioneros como los colonos son necesarios en el reino de Dios. Cada uno actúa de manera diferente al tratar los roles del ministerio. Los pioneros, por ejemplo, disfrutan el cambio y encuentran que la presión de hacer nuevas cosas es más emocionante que amenazante. Aman el reto de dar el primer gran paso, probar algo que no han hecho antes, la inestabilidad no los asusta. De hecho, los emociona. Sin importar lo que pase, puedan sacar algo de ellos, aprender de ello, transformarlo en una aventura. Van más allá de sus experiencias y relaciones actuales para descubrir nuevas fronteras y retos. Siempre están en búsqueda de la próxima frontera para explorar y domesticar. Sin embargo, los pioneros frecuentemente se aburren y frustran con la disciplina necesaria que sustenta lo ellos mismos han establecido.

Los colonos son una raza diferente por completo. Su compromiso es con la continuidad, la estabilidad y la conservación. Están allí por un largo tiempo, buscando resultados a largo plazo. Prefieren crecer y desarrollar planes antes que abandonar lo que tienen y comenzar con un nuevo proyecto. Son grandes implementadotes. Les gusta ver el desarrollo de las cosas hasta su culminación. Los colonos son la columna firme y sólida de la mayoría de las comunidades. Les gusta saber qué esperar y se sienten más cómodos cuando las cosas suceden de manera tranquila de acuerdo con el plan. La inestabilidad crea gran intranquilidad en los colonos.

Los pioneros y colonos no siempre existen bien juntos. El pionero puede terminar aburrido e intranquilo si se le pide permanecer cerca y ayudar a pintar y decorar los edificios una vez que ya están levantados, y

> Tanto los pioneros como los colonos son necesarios en el reino de Dios.

el colono puede comenzar a preocuparse al sólo pensar en aventurarse en la tierra salvaje de un nuevo ministerio sin la seguridad de saber qué es lo que sucederá. El pionero dice: "Vamos, lánzame el balón, déjame correr con él y ver qué pasa". El colono dice: "No corras, sólo queremos enfocarnos en esto ahora".

Tanto los pioneros como los colonos, sin embargo, son elementos vitales en el servicio para el cual Cristo nos ha llamado. Sin los pioneros jamás encontraríamos la próxima frontera. No iríamos más allá de lo que ya hemos conseguido. Sin los colonos, jamás podríamos sostener la frontera que los pioneros ganaron. Los pioneros deberán seguir adelante hacia nuevos territorios, dejando atrás la recientemente descubierta tierra baldía. Los colonos deberán venir luego para construir y ocupar, para mantener y aumentar por medio del esfuerzo deliberado y sostenido.

En mis años de adolescencia quería ser un ingeniero. En el último momento antes de entrar en la universidad, decidí estudiar odontología porque esta combinaría ciencia y tratar con personas. Luego me uní a la Armada. Me deleitaron los viajes, la diversidad y el constante cambio que vienen con estar en la Armada. Después que me casé creí que debía sentar cabeza, algo nada fácil para alguien como yo. Pero lo hice. Me uní a una iglesia y me involucré en actividades pastorales, adoración y el trabajo con estudiantes universitarios. Al mismo tiempo, desarrollé mi carrera como odontólogo, contraté personal y adquirí el más avanzado equipo, buscando nuevas y mejores formas de arreglar dientes. A pesar de lo que la mayoría de las personas puedan pensar de la personalidad de los dentistas, yo era un emprendedor.

Cuando leí sobre el Pentágono, una luz se encendió. De repente comprendí mi manera de ser, por qué me gustaban las cosas nuevas y las experiencias diferentes. A medida que examinaba toda mi vida –no sólo mi trabajo y la iglesia– me di cuenta que Dios me había colocado en situaciones en las que podía poner en práctica nuevas estrategias, alcanzar logros y avanzar, y luego pasar al siguiente reto. Soy un pionero.

—NIGEL

Los pioneros miran hacia delante a la frontera buscando nuevos logros al poner en práctica ideas visionarias. Los colonos consolidan la frontera que el pionero ha ganado y juegan un papel importante en mantener la buena salud del lugar. El reino de Dios necesita tanto a los pioneros como a los colonos, y debemos entender y apreciar la diferencia entre ambos. De no ser así, la división terminará por acabar con nosotros.

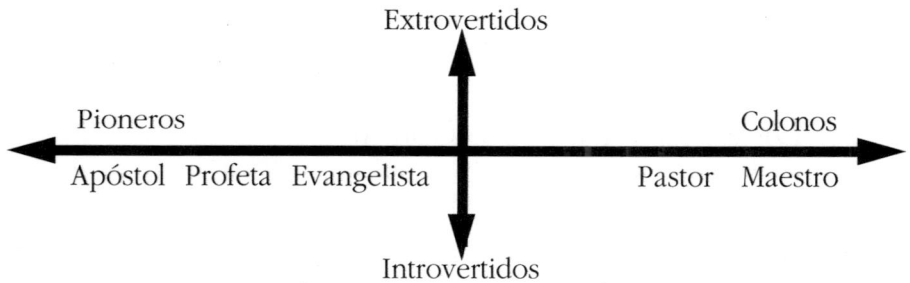

Extrovertidos

Pioneros   Colonos

Apóstol   Profeta   Evangelista   Pastor   Maestro

Introvertidos

Los pioneros naturalmente desean pasar a nuevos métodos e ideas que ayuden al avance del reino. Están deseosos de tomar el riesgo de unirse al Señor en nuevos esfuerzos, frecuentemente mucho antes de que los colonos siquiera sepan que el Señor se está moviendo en esa dirección. Allí va el pionero, con una emoción que es incapaz de contener. Esto, sin embargo, algunas veces puede confundir al colono, quien está trabajando para mantener lo que le ha sido legado por las generaciones anteriores. "Si sirvió para ellos, entonces servirá también para nosotros" es la idea que gobierna la vida de los colonos. Los colonos buscan desarrollar raíces profundas mientras que los pioneros atraviesan la densa jungla en busca de nuevos territorios.

> El respeto y la aceptación mutua entre pioneros y colonos son esenciales para que la obra del reino crezca.

Esta es con frecuencia la razón de porqué muchas iglesias se dividen. No es debido a la doctrina, sino a que los miembros no entienden la interacción entre pioneros y colonos. En algunas iglesias, los pioneros son echados por colonos que no desean explorar nada nuevo. En otras, los pioneros pueden causar división si no son lo suficientemente pacientes para esperar a que los colonos se pongan al día. El respeto y la aceptación mutua entre pioneros y colonos son esenciales para que la obra del reino crezca.

FUERA DE LA ZONA DE COMODIDAD

Por supuesto, nada de esto es blanco y negro. Una persona con un ministerio de enseñanza puede ser un pionero con conocimientos fundacionales. Una persona con un don apostólico puede ser "enviado" a la misma obra por muchos años. Cada persona cae en un punto del continuum entre los dos extremos, y puede moverse incluso hacia un lado o el otro entre ambos. Diferentes situaciones y circunstancias nos llevan a un lado u otro de la línea. Aquellos que saben manejar mejor la presión y el estrés son aquellos que se mueven más libremente en la distancia más grande en el continuum pionero/colono.

La prueba llega a nuestras vidas para hacernos más flexibles, para sacarnos de nuestras zonas de comodidad. Dios nos mueve llevándonos al territorio donde normalmente no nos sentimos más cómodos. Usted podría verse a sí mismo como un pastor que es sensible a las necesidades de los demás. Usted desea ayudar pero su rol también

> La prueba llega a nuestras vidas para hacernos más flexibles, para sacarnos de nuestras zonas de comodidad.

le exige enseñar a otros cómo ayudar a otras personas. Su ministerio permanente coincidirá parcialmente con otras áreas de ministerio y esta es la forma en cómo Dios le reta.

Cuando nos movemos en una dirección que es contraria a nuestros institutos naturales (un pionero actuando como un colono, por ejemplo), maduramos. No crecemos manteniéndonos en nuestras zonas de comodidad. Una vez que el período de prueba termina, encontramos alivio volviendo a nuestro don dominante, a nuestro ministerio permanente. Pero si nunca pasamos por ministerios transitorios cuando Dios nos pide que lo hagamos, no habrá crecimiento alguno.

Así que, ¿cómo sabe usted cuál es su don? Pondere lo que sabe sobre usted mismo y su propio ministerio. Al final sólo Dios puede confirmar su llamado. Él nos hizo a cada uno como individuos, con pasiones y deseos particulares.

CAPÍTULO 18

SEIS FRASES SENCILLAS

*C*uántos libros que traten sobre la oración tiene usted? ¿Cuántos ha visto en las estanterías de las librerías cristianas y pensado que debería comprarlos? Si bien todos estamos de acuerdo en que Dios quiere que oremos, y que todos deseamos orar, todavía es algo difícil de hacer para algunos de nosotros.

Casi todos los libros que tratan de la oración parecen haber sido escritos por alguien introvertido. Yo (Mike) soy extrovertido. Estos libros dicen algo como esto: "Para tener una vida efectiva de oración, es importante pasar cuatro horas a solas".

Tartamudeando y balbuceando, digo: "¿Qué fue lo que dijo después de horas? ¿*A solas*? ¿Y para hacer qué?"

Y he aquí la respuesta: "Para escribir tu diario de oración".

"¿Un diario? ¿Sentarme y escribir? ¿Para qué?"

Esto no es el tipo de cosas que un extrovertido hace. Ahora, supongamos que un intercesor extrovertido dice algo así como: "Salga a caminar. Mire los árboles."

Yo pienso, "Está bien. ¡Eso sí lo puedo hacer!"

"E involucre a Dios en su conversación".

"¡Sí! ¡Eso lo puedo hacer!" La oración es algo que todos deberíamos sentir poder hacer de manera entusiasta.

Los doce discípulos eran estudiantes a tiempo completo de Jesús, el Maestro. Aprendieron la fe práctica al ver a Jesús en acción. Jesús pasaba mucho tiempo en oración. Los discípulos no podían evitar notarlo. Había algo en la forma en que su Maestro oraba que era diferente y que les hacía desear orar de la misma manera que él.

Así que un día los discípulos se dirigieron a Jesús y le dijeron: "Maestro, enséñanos a orar". Quizás esperaban un largo y complicado programa de lecciones y ejercicios prácticos. La respuesta de Jesús fue bastante simple: seis frases sencillas con las instrucciones para "orar así".

> Jesús sólo les enseñó un método para orar.

Jesús sólo les enseñó un método para orar. Nosotros lo llamamos el Padrenuestro y lo encontramos Mateo 6 y Lucas 11. Si alguien le dijera "ore así", usted podría decir, "Bueno, tomaré en cuenta tu opinión, pero estoy seguro de que existen muchas otras formas de hacerlo que quizás también considere". Pero cuando Jesús dice "Ustedes deben orar así", debemos poner atención y hacer lo que él dice.

El interés de Dios en establecer relaciones, de manera abierta y constante, lo podemos apreciar en toda la Escritura en lo que es descrito como "caminar con Dios". La vida es aprender a caminar con Dios, aprender a relacionarse y comunicarse con Dios. La manera en que interactuamos con Dios es vital para nuestras vidas. Por lo tanto, cuando Jesús enseña a sus seguidores cómo orar, les muestra cómo caminar con Dios. Si caminar con Dios es de lo que se trata nuestras vidas, entonces orar de la manera en que Jesús enseñó es la parte más importante de nuestras vidas.

El Hexágono enseña sobre la oración. La oración que Jesús enseñó tiene seis elementos. Cuando aprendemos a orar correctamente según estos seis elementos, también aprendemos a orientar nuestras vidas según la voluntad de Dios para nosotros.

Ustedes deben orar así:
"Padre nuestro que estás en el cielo,
santificado sea tu nombre,
venga tu reino,
hágase tu voluntad
en la tierra como en el cielo.
Danos hoy nuestro pan cotidiano.
Perdónanos nuestras deudas,
como también nosotros hemos perdonado a nuestros deudores.
Y no nos dejes caer en tentación,
sino líbranos del maligno."

—Mateo 6:9-13

El Carácter Del Padre

"Padre nuestro que estás en el cielo, santificado sea tu nombre."

Jesús comienza con una sencilla palabra: "Padre". La palabra aramea usada es *Abba*, un nombre informal que frecuentemente traducimos como "Papi". Jesús usa un término íntimo para referirse a nuestro Dios íntimo. Este fue un choque para los discípulos, quienes estaban acostumbrados a usar salutaciones formales para dirigirse a Dios. Ya no se estaban dirigiendo a una deidad que estaba "allá arriba en alguna parte", sino a un padre, a papá. Jesús comienza la oración llevándonos directamente a la casa del gran rey y diciéndonos que él es nuestro padre. Por lo tanto, podemos hablar directamente con él.

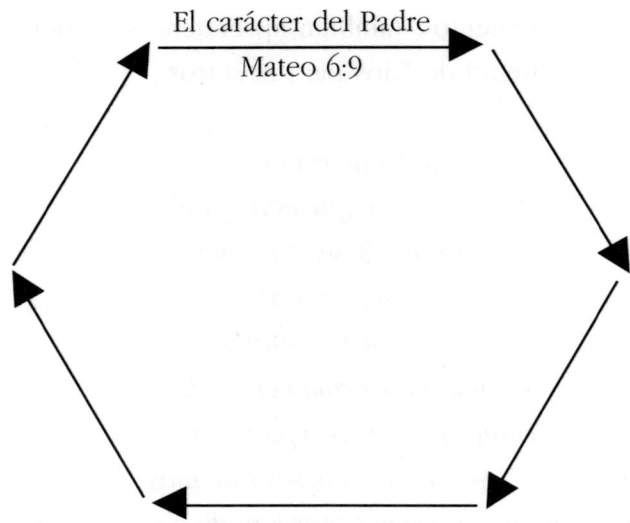

El carácter del Padre
Mateo 6:9

La mayoría de nosotros tendría problemas para comenzar la oración con "Papi". Gracioso, ¿no es así? Dios nos muestra, a través de la oración de Jesús, que él nos ama y quiere que nosotros le amemos, somos nosotros quienes levantamos los muros. Trate de dar inicio a sus oraciones por un tiempo con esta palabra íntima, "Papi", y vea la diferencia a medida que habla y escucha a nuestro Padre.

Nuestro padre está "en el cielo". Sabemos enseguida que estamos hablando con alguien cercano a nosotros, pero que está separado de nosotros. Dios es muy cercano y muy diferente al mismo tiempo. Él es el gran "YO SOY", el Dios poderoso, el Padre eterno. No existe nadie como él, ningún otro ser que se acerque a su grandeza. Él no sólo está en el cielo, él es el dueño del cielo. Él lo hizo. Es su dominio, y nosotros estamos invitados a este lugar santo para hablar con su soberano personalmente.

Luego Jesús nos recuerda la gloria de Dios: "santificado sea tu nombre". El propósito principal de Dios para nosotros es glorificarlo y estar en su presencia por siempre:

Trae a mis hijos desde lejos y a mis hijas desde los confines de la tierra. Trae a todo el que sea llamado por mi nombre, al que yo he creado para mi gloria, al que yo hice y formé.

—Isaías 43:6, 7

Glorificar a Dios fue la verdadera razón por la cual Jesús se dio a sí mismo en sacrificio:

¡Si precisamente para afrontarla [la muerte en la cruz] he venido! ¡Padre, glorifica tu nombre!

—Juan 12:27, 28

Cuando oramos "santificado sea tu nombre", reconocemos que el propósito principal de Dios es ser santificado o glorificado en todo lo que hacemos. Así nos estamos sometiendo a la voluntad de Dios nuestro padre.

El Reino Del Padre

"Venga tu reino, hágase tu voluntad."

¿Está usted listo para entrar en el reino del padre? Jesús dice: "Dios te adoptó y aceptó dentro de su familia. Él quiere enseñarte quién es tu padre". Y la primera cosa que debemos saber sobre nuestro Papi es que él es el rey. No sólo hemos sido adoptados por un padre maravilloso y amoroso —al que podemos llamar Papá— sino uno que es el rey. No *un* rey, sino *el* rey. Cuando usted sabe quién es Dios, puede decir: "Quiero lo que tú quieras, papi". El reino de

> Cuando usted sabe quién es Dios, puede decir: "Quiero lo que tú quieras, papi".

Dios es un reino maravilloso de luz y amor, y queremos que este reino venga a este mundo de oscuridad y odio. Nuestro deseo es el mismo que el del rey: ver que todos salgan de este mundo de pecado y entren en el reino de perdón de Dios. Esto es lo que oramos: "Lo que has hecho en el cielo para remover el pecado, la enfermedad, la tristeza, el sufrimiento y todas las demás cosas malas, que también sea hecho en la tierra". Después de todo, esta es la intención de Jesús al decir: "El reino de Dios se ha acercado". El futuro que anticipamos es aquí y ahora. Cuando pronunciamos esta frase, estamos orando porque el futuro se haga presente y todos puedan verlo.

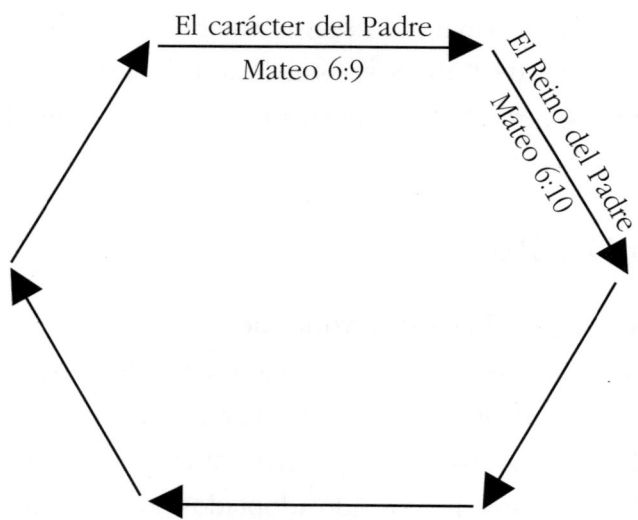

El carácter del Padre
Mateo 6:9

El Reino del Padre
Mateo 6:10

Cuando decimos "reino", también podemos decir "señorío". En este caso significan lo mismo. El señorío de un rey es su voluntad, la forma en que gobierna y rige en su reino. El señorío de Dios —su voluntad— es la naturaleza misma de Dios. Cuando oramos esta parte del Padrenuestro estamos invitando al rey a venir y regir nuestras vidas. En el pasado, cuando las guerras eran libradas con espadas en lugar de bombas teledirigidas, cuando un hombre era capturado por otro, el prisionero tomaba su espada por la hoja y la extendía la empuñadura hacia su captor, queriendo decir con esto que se rendía. "Venga tu reino, hágase ti voluntad" es nuestra rendición al rey.

D espués de haber leído este capítulo sentí que entendía mucho mejor cómo orar. Imagine llamar a Dios "Papi". Le pregunté a mi mamá de dónde habían sacado toda esta información y ella me dijo que de la Biblia. "¿Por qué entonces nadie me lo había dicho antes?, le pregunté, "¡Esto sí que es algo bueno!

—*MEGAN (14 años)*

LA PROVISIÓN DEL PADRE

"Danos hoy nuestro pan cotidiano."

La provisión del padre es abundante. Decimos, "Padre, tu eres el rey. Tengo necesidades. Dependo de Ti. me siento en tu mesa y tomo todo lo que tienes para mí. Pido que todo lo que necesito para vivir tú me lo proveas, sea lo que sea. Tú lo tienes todo, por eso sé que puedo acudir a ti para cualquier necesidad que tenga".

Los seres humanos tenemos necesidades. Tenemos necesidades en cada una de las áreas de nuestras vidas, la comida es tan sólo una de ellas. Tenemos otras necesidades físicas que debemos satisfacer todos los días: abrigo, ropa, dinero para pagar por todo esto, empleo para ganar dinero. Necesitamos tener salud. Necesitamos fortaleza de espíritu. Todo esto está incluido en la frase: "Danos hoy nuestro pan cotidiano."

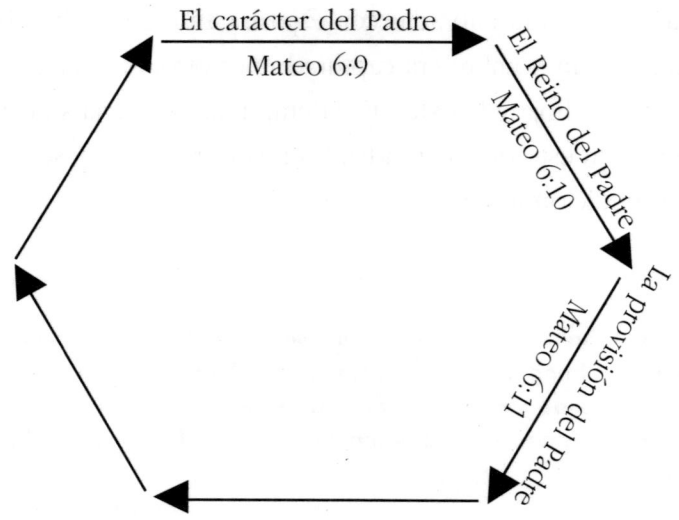

Nótese que no se nos dice que oremos por todo lo que necesitemos por el resto de nuestras vidas, sino sólo lo correspondiente al día presente. Así que debemos volver a él una y otra vez. Dios se deleita en darnos lo que necesitamos, y necesitamos de todo. Como siervos, no disponemos de nada. Pero por encima de todo Dios desea nuestra atención y afecto. Si él nos diera la llave de una gran bóveda bancaria y dijera, "Aquí está todo lo que necesitarán por el resto de sus vidas", ¿qué tan seguido volveríamos a él? Él necesita doblar nuestras rodillas. Los hijos de Israel mientras vagaban en el desierto recibieron maná todos los días. Si tomaban demasiado, el exceso se podría y llenaba de gusanos antes de que pudieran comerlo al siguiente día. Si olvidaban recoger el maná en la mañana, tenían que esperar hasta el siguiente día. El pan que nos da Dios es diario.

> No se nos dice que oremos por todo lo que necesitemos por el resto de nuestras vidas, sino sólo lo correspondiente al día presente.

Sólo dos cosas te pido, SEÑOR; no me las niegues antes de que muera:

Aleja de mí la falsedad y la mentira;

no me des pobreza ni riquezas sino sólo el pan de cada día.

Porque teniendo mucho, podría desconocerte y decir:

"¿Y quién es el SEÑOR?"

Y teniendo poco, podría llegar a robar y deshonrar así el nombre de mi Dios.

—Proverbios 30:7-9

El Perdón Del Padre

"Perdónanos nuestras deudas, como también nosotros hemos perdonado a nuestros deudores."

Jesús prosigue luego hablando del pecado. Él dice: "Todos ustedes saben que existen límites dentro del comportamiento correcto, y que de vez en cuando traspasarán esos límites encontrándose a sí mismos violando espacio ajeno".

Dios nos ha dado un espacio que es nuestro, y nuestra provisión dentro de este espacio y amplio y completo. Sin embargo, por alguna razón abandonamos nuestro territorio para conquistar lo que no es nuestro. Invadimos el territorio del vecino. Todo lo que tenemos en nuestras vidas nos ha sido dado por Dios. Cuando transgredimos los unos contra los otros estamos diciendo, "Dios, lo que tú me has dado no es suficiente". Y por esto debemos pedir perdón. Dios ha marcado un camino para nosotros, él nos ha llamado y nos ha dado un destino. En esta oración le pedimos a Dios que nos ayude a no apartarnos del lugar que él ha fijado para nosotros dentro de su reino, y que nos perdone cuando lo hacemos.

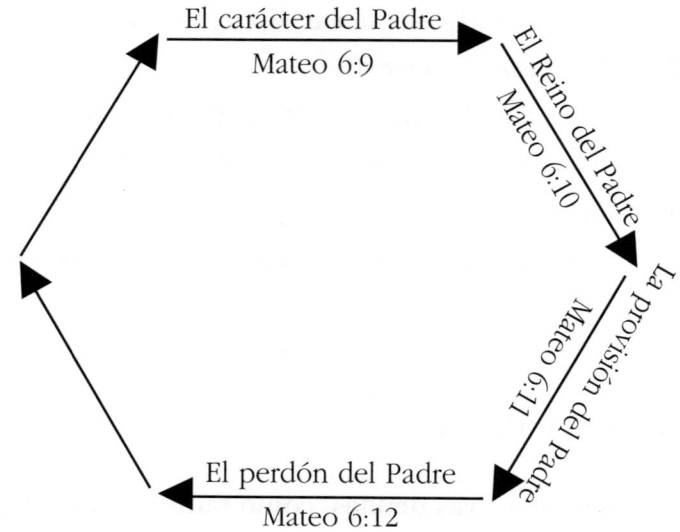

El carácter del Padre
Mateo 6:9

El Reino del Padre
Mateo 6:10

La provisión del Padre
Mateo 6:11

El perdón del Padre
Mateo 6:12

Cuando otras personas extravían su camino invadiendo el nuestro, hiriéndonos, abusando de nosotros y causándonos dolor, debemos perdonarlos de la misma forma en que Dios nos ha perdonado a nosotros. "No permitas, Señor, que estemos en deuda contigo al no perdonar a otros". El perdón del Padre no tiene fin, pero es condicional, se basa en nuestro deseo de perdonar a otros.

LA GUÍA DEL PADRE

"Y no nos dejes caer en tentación."

Hasta ahora, la oración ha tratado sobre nuestra relación con Dios y con aquellos alrededor nuestro. ▲ La oración cambia refiriéndose ahora a nuestra ida al mundo para llevar el mensaje del amor y el perdón de Dios. "Cuando nos lleves al mundo, Padre, para hacer tu obra y propagar tu

---

▲ PARA MÁS SOBRE RELACIONES ARRIBA Y DENTRO, VÉASE EL TRIÁNGULO, CAPÍTULOS 9 Y 10.

reino, asegúrate de ayudarnos a no caer en las trampas del enemigo".
Nuestras almas tienen un enemigo, y sus mecanismos de maldad incluyen
la tentación de hacernos participar de su maldad. Si nos dejamos arrastrar
por sus tentaciones, eventualmente terminaremos en sus garras. Dios nos
promete guiarnos en medio de la tentación para que no seamos atrapados.
Las pruebas y las tentaciones en nuestro mundo no son como una batalla,
son una batalla, una que debemos librar todos los días. Así que esté preparado para ella y discuta con su Padre la estrategia de batalla.

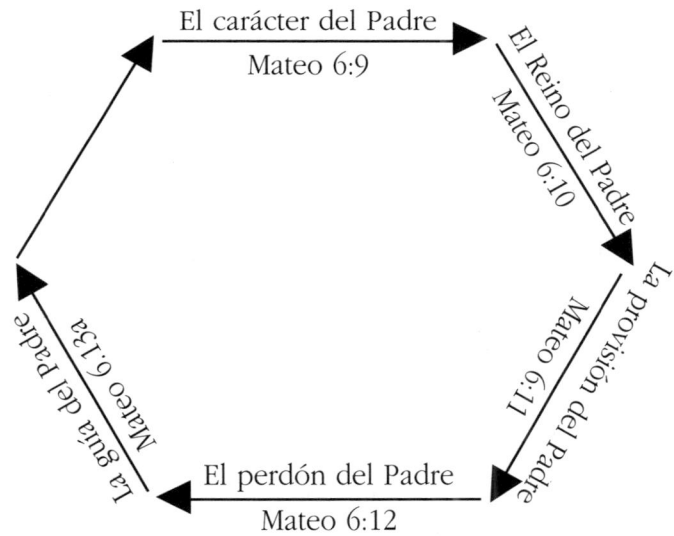

LA PROTECCIÓN DEL PADRE

"Sino líbranos del maligno."

La oración finaliza, como comenzó, pidiendo a Dios que intervenga
en nuestra experiencia, haciendo retroceder el reino de oscuridad y ex-
tendiendo el reino del cielo. La protección del Padre nos resguarda de
los principados y potestades que buscan nuestra destrucción. El maligno
sólo viene para robar y matar, dice Jesús. Él desea robar nuestra salud,

robar nuestra alegría, robar nuestras almas. Si tiene éxito en sus planes, pasaremos a una muerte eterna en la cual estaremos separados por siempre del amor de Dios. Oramos porque Dios nos proteja a medida que transitamos en esta vida cumpliendo su voluntad.

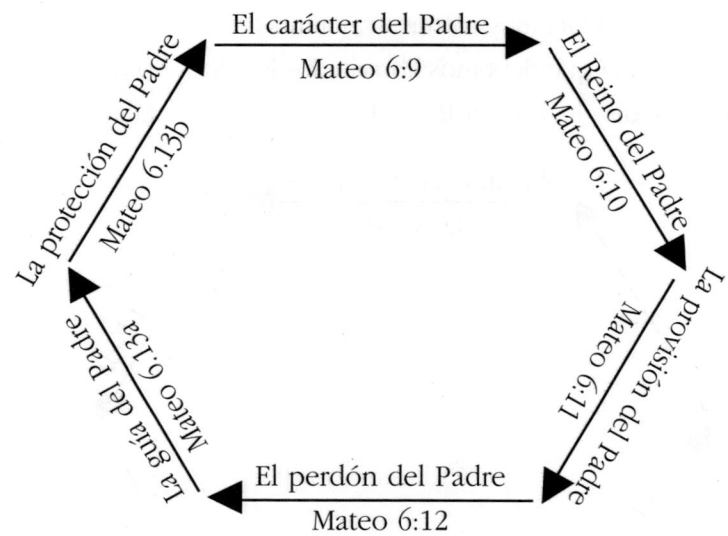

Esta oración es un marco en el cual podemos expresar todos nuestros pensamientos y preocupaciones de nuestra vida. Puede tomar aquello que más arda en su corazón en este momento y orar por ello usando la oración que Jesús enseñó como modelo. De esta forma se estará comunicando con Dios de la manera en que él nos enseñó a hacerlo. Es así de sencillo.

CAPÍTULO 19

EL PADRENUESTRO PARA LA VIDA REAL

*C*uando decimos que Jesús nos dio un solo modelo de oración no queremos decir que debemos repetir esta oración palabra por palabra y nada más. Cuando decimos que este modelo es simple, no queremos decir que sea superficial. Debemos tener una comprensión creciente de los seis aspectos de esta oración. No podemos permanecer estáticos en nuestra compresión de la manera en que Jesús nos enseñó a orar, cuando no hay movimiento, no hay vida. Demasiados cristianos tienen períodos pobres de oración, guiados por quienes se han quedado en el lado poco profundo de la piscina.

Si Jesús ordenó orar de esta forma, ¿lo hizo él de la misma forma? En otras palabras, ¿siguió Jesús el modelo del Padrenuestro en otros momentos cuando él oró?

Sólo disponemos de fragmentos de las otras oraciones de Jesús registradas en los Evangelios. Él dio gracias antes de distribuir el pan y el pescado a una gran multitud. Clamó a su Padre estando en agonía en el Getsemaní antes de su arresto, y lo hizo también mientras estuvo en la cruz.

La única oración completa de Jesús que aparece en las Escrituras es la de Juan 17. Muchos llaman a esta la "verdadera oración del Señor" porque Jesús estaba orando por sí mismo. En ella, ejemplifica lo que les había enseñado a los discípulos.

Para más Información sobre el Movimiento, Véase el Heptágono, Capítulo 20.

• **El carácter del Padre:** "Y ésta es la vida eterna: que te conozcan a ti, el único Dios verdadero" (Juan 17:3)

• **El reino del Padre:** "Y ahora, Padre, glorifícame en tu presencia con la gloria que tuve contigo antes de que el mundo existiera" (v. 5)

• **La provisión del Padre:** "Ahora saben que todo lo que me has dado viene de ti" (v. 7).

• **El perdón del Padre:** "Yo te he glorificado en la tierra, y he llevado a cabo la obra [la salvación del hombre] que me encomendaste" (v. 4)

• **La guía del Padre:** "Santifícalos en la verdad; tu palabra es la verdad" (v. 17)

• **La protección del Padre:** "No te pido que los quites del mundo, sino que los protejas del maligno" (v. 15)

Jesús siguió este modelo de oración. Recuerde, no podemos superar a Jesús. Veamos como podemos poner en práctica el modelo que Jesús nos dio de varias formas específicas.

ATASCADEROS

A medida que pronuncia esta oración, mire y espere, anticipe lo que Dios desea decirle en alguna de estas áreas. Imagine la oración como si fuera una botella. Usted puede utilizar esta botella imaginaria de oración de dos maneras distintas. La primera de ellas es tomar sus peticiones y colocarlas dentro de la botella. Ore siguiendo este modelo de oración con su petición en mente y vea que ocurre. Por ejemplo, usted podría orar por el día presente:

> Ore siguiendo este modelo de oración con su petición en mente y vea que ocurre.

Padre, yo sé que tú eres mi Padre celestial, tierno y amoroso. Tú riges sobre todo y velas por mí desde tu trono celestial. Que tu gloria sea manifiesta en todo lo que haga hoy. Que tu voluntad y soberanía estén presentes en mis pensamientos y acciones hoy. Por favor, provee para todas mis necesidades de hoy, sean espirituales, físicas o materiales.

Supongamos que la cosa comienza a complicarse: empieza a pensar en el cajón lleno de facturas que debe pagar y no sabe de dónde va a sacar el dinero para pagarlas. Hace una pausa en el tiempo que dedica a orar para buscar de Dios "su pan diario" para pagar las cuentas. Se da cuenta de que esta es un área de su vida en la que usted y Dios necesitan trabajar hoy.

Mañana el momento de interrupción podría ser el perdón o la ayuda en momentos de tentación. Cada día tendrá al menos un momento especial que reclamará su atención a medida que vaya vertiendo su oración en la botella.

Otra forma de usar este modelo de oración es verter la oración fuera de la botella en cada petición. Si alguien que usted conoce está enfermo y le pide que ore por el o ella, usted puede hacerlo de la siguiente forma:

Padre, extiende tu reino celestial a nuestra existencia terrenal. Que tu gloria sea manifestada en la vida de mi amigo. En tu reino no hay enfermedad, ni dolor. Que tu reino venga a la vida y cuerpo de mi amigo hoy. Darnos nuestro pan diario y nuestra provisión diaria incluye tener un cuerpo sano para que podamos cumplir tu voluntad, por esto por favor da hoy un cuerpo sano a mi amigo. Perdona a mi amigo, así que él perdona a otros, sabiendo que el perdón dentro de nosotros puede hacer que nuestros cuerpos reaccionen también. No permitas que sea tentado a apartarse de ti, su Sanador, en este tiempo de necesidad. Y protégelo de todo principado y potestad que quiera hacerle daño.

A medida que practique más la oración, será mucho más sencillo invitar al Espíritu Santo a que le mueva a "atascarse" en un área a la vez, ya sea que esté orando por usted mismo o por alguien más. Por ejemplo, a medida que sigue el Padrenuestro, usted quizás pueda orar:

En estos momentos estoy teniendo un verdadero problema con Fulano de tal. Una y otra vez pone sus pies en mi jardín. Está fuera de su territorio invadiendo el mío. Sin embargo, lo perdono, Señor, así como tú me perdonas cuando yo me meto en el jardín de alguien más."

Quizás usted se detiene en la frase "venga tu reino, hágase tu voluntad" cuando piensa en todo lo que sucede hoy en día en nuestro mundo. Cuando piense en las atrocidades que sufren otras personas en otros países, diga:

Señor, esto no se parece a tu reino. El odio y el desamor reinan aquí y eso no está bien. Que tu reino se manifieste ahora en esta situación, y que sea sentido tu amor por todas las personas, como es tu voluntad.

Una Frase Por Dia

Tome del Padrenuestro una frase al día y centre su tiempo de oración en ella. Invierta un día pensando en lo que significa en realidad llamar "Padre" al Dios del universo. Si él es en verdad su Padre, ¿qué responsabilidades tiene él hacia usted? ¿Qué responsabilidades tiene usted hacia él? ¿Qué significa que él está en el cielo?

Si usted ora porque el reino de Dios venga, ¿qué espera que suceda? ¿Cómo puede demostrar el reino de Dios en la tierra?

Si usted confía en la provisión del Padre para el sustento diario, ¿de qué necesita desprenderse? ¿Qué guarda secretamente porque en realidad no cree que Dios vaya a darle de lo que usted necesita?

Y así sucesivamente. Cada día ore concentrándose en una de estas frases. Use esa frase para orar por las necesidades de su vida y la de aquellos alrededor suyo. Si usted siente que ha llegado al fondo de esa frase, que ya no hay más nada que sacar de ella, prosiga todavía más. Cada uno de los seis segmentos de esta oración es inagotable.

Cada uno de los seis segmentos de esta oración es inagotable.

Otra forma de entender el Padrenuestro es verlo como una oración circular. Cada frase es desarrollada por completo por las otras. Tome una frase, coloque dos puntos después de ella y continúe con las otras frases. Pregúntese como se relaciona esta parte de la oración con el resto. Aquí tiene un ejemplo:

"Venga tu reino, hágase tu voluntad":

- "Danos hoy nuestro pan cotidiano". El deseo amoroso de Dios es satisfacer todas nuestras necesidades. En su reino no hay necesidad alguna.

- "Perdónanos nuestras deudas". En el reino de Dios nuestros pecados son lavados y olvidados para siempre.

- "Como también nosotros hemos perdonado a nuestros deudores". A medida que caminamos en la gracia del perdón de Dios, perdonaremos a otros. de gracia hemos recibido, de gracia damos. Esta es una ley de la vida del reino.

- "Y no nos dejes caer en tentación". La voluntad de Dios es que andemos en el camino que él ha marcado para nosotros. En su reino tendremos todo lo que él tiene para nosotros, y no nos desviaremos en busca de soluciones menores y pasajeras.

- "Sino líbranos del maligno". El reino de Dios es toda luz. En él, las tinieblas desaparecen. Los principados y potestades que nos atormentan no tienen poder alguno en él.
- "Padre nuestro que estás en el cielo". El reino es gobernado por un rey, y el rey es nuestro papá. Podemos sentirnos en casa en el reino. No somos extraños, sino hijos e hijas. Pertenecemos al reino de Dios.

Ahora, el círculo está completo. Comience con cualquier frase, coloque dos puntos al final de ella y siga leyendo el resto de las frases. Analice cómo cada segmento se refleja en su vida a la luz del resto de la oración.

Mi departamento en el trabajo se reúne dos veces por semana para orar los unos por los otros por nuestras necesidades personales y laborales. Después de leer las enseñanzas de Mike sobre cómo aplicar el Padrenuestro a nuestra vida diaria, nuestro supervisor sugirió una mañana que cada uno se enfocara en una faceta en particular de aquella oración durante nuestro tiempo de reunión. Enseguida percibimos una diferencia. Algunas veces es muy difícil saber qué orar en ciertas circunstancias, y perdernos tratando de pensar qué decir a continuación. Pero con estos sencillos elementos del Padrenuestro guiándonos, sentimos un sentido de propósito y dirección, una centralización de nuestras peticiones en Dios. ¿Qué mejor manera de aprender cómo orar que seguir el ejemplo que Jesús dio?

—*HOLLY*

PERSONALÍCE LA ORACIÓN

Hemos hablado de orar hasta que el Espíritu Santo lo detenga. Usando este método, céntrese en aquello que lo detiene y utilice su "atascadero" como punto de partida. Pregúntese a usted mismo: "¿Hasta qué punto he jugado a ser Dios en esta área?" Si está centrado en el "pan diario", piense en cómo está tomando el lugar de Dios y como lucha para satisfacer sus propias necesidades. Luego hacia atrás y hacia adelante, por así decirlo, en las otras frases. Vuelva a "santificado sea tu nombre" y avance hacia "danos hoy nuestro pan cotidiano". ¿Cómo está sustituyendo a Dios en estas áreas? ¿Cómo trata de hacer el trabajo de Dios en lugar de confiar en que él lo hará por usted? Esto puede llevarlo a un tiempo de arrepentimiento, limpiándonos de las toxinas que se van acumulando en nosotros cuando suplantamos a Dios.

¿Dispone usted de algún teléfono celular o reloj despertador al que pueda fijarle una alarma? Yo (Mike) acostumbro marcar en mi teléfono celular un pitido seis veces al día. Cada vez que suena el pitido recuerdo hacer una pausa para orar una de las seis frases del Padrenuestro. Así, a las seis de la mañana, me toca "Padre nuestro que estás en el cielo". A las nueve de la mañana, "Venga tu reino". Al medio día, "Nuestro pan cotidiano". Al finalizar el día laboral, "Perdona nuestras deudas" y luego, "No nos dejes caer en tentación". Para el final del día, una oración de protección contra el mal.

> Usted puede hallar su propia señal, su propio recordatorio para orar.

Cuando mi teléfono celular pita, nadie le presta demasiada atención, quizás sea un mensaje de texto o una llamada telefónica que más tarde responda. Si me siento realmente movido, puedo abandonar la reunión por unos cuantos minutos para salir a orar sin causar ninguna molestia real al grupo. Este método se está propagando a medida que otros se dan cuenta lo sencillo que es darse a sí mismo recordatorios.

No tiene necesariamente que utilizar su teléfono para esto. Un hombre decidió que cada vez que viera una señal de pare, oraría una

---

Para Conocer más sobre este Principio, Véase el Heptágono, Capítulo 21.

de las frases del Padrenuestro. Usted puede hallar su propia señal, su propio recordatorio para orar.

¿Recuerda el Triángulo? ¿Arriba, dentro y Afuera? Si examinamos las seis frases del Padrenuestro, podemos ver fácilmente como se agrupan en parejas que nos recuerdan el Triángulo.

ARRIBA
Padre nuestro que estás en el cielo, santificado sea tu nombre.
Venga tu reino, hágase tu voluntad en la tierra como en el cielo.

DENTRO
Danos hoy nuestro pan cotidiano.
Perdónanos nuestras deudas, como también nosotros hemos perdonado a nuestros deudores.

AFUERA
Y no nos dejes caer en tentación,
Sino líbranos del maligno.

Estas son sólo algunas formas de explorar las seis cortas frases que Jesús nos dio como modelo de oración. Como puede ver, no existe límite en cuanto a la forma en que podemos caminar y hablar con Dios usando este modelo. A medida que utilice los principios del Hexágono en su vida persona de oración, sin duda alguna encontrará otras muchas formas de aplicar este modelo. Creemos que verá cambios emocionantes en su vida de oración.

Capítulo 20

Conozca a Mrs Cren

*C*uando se llega al séptimo grado, ya se sabe (o se debería saber) que existen siete señales básicas que demuestran que un organismo biológico está vivo. Evitaremos entrar en detalles y mencionaremos sólo cuáles son estas señales. (Y así podrá decir, "Ya lo sabía"). Estas siete funciones de la vida son:

1. Movimiento
2. Respiración
3. Sensibilidad
4. Crecimiento
5. Reproducción
6. Excreción
7. Nutrición

Los niños en Gran Bretaña memorizan estos siete procesos utilizando el acrónimo MRS CREN (SRA CREN). En el caso de LifeShapes, esto es lo que llamamos el Heptágono, o la vida en el reino de Dios. Parte del proceso de discipulado es observar cómo nuestros cuerpos —diseñados y formados por Dios— operan en relación con nuestros seres espirituales. El Heptágono trata sobre esta conexión biológico-espiritual.

MOVIMIENTO

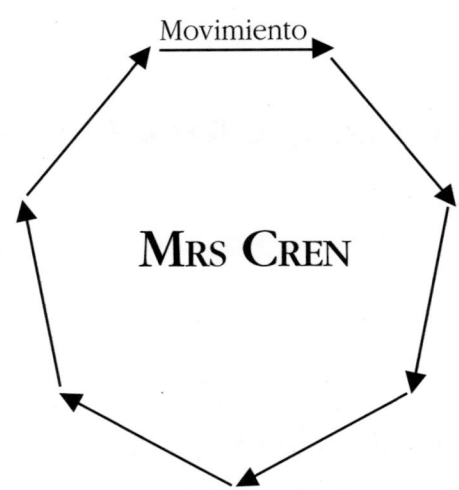

Movimiento

MRS CREN

Cuando el día es frío, a Caleb de diez años de edad, le encanta venir de fuera y poner sus manos heladas en la parte trasera del cuello de su madre. Ella salta cada vez que él lo hace.

Un puma puede parecer que está durmiendo a la sombra de un árbol en un día caluroso hasta que escucha un ruido en los arbustos. ¿Será un animal más grande para quien el puma sería un buen almuerzo? ¿O será el almuerzo para el puma? De cualquier forma, el puma se mueve con increíble velocidad.

Tanto la madre de Caleb como el puma responden a los estímulos con movimiento.

Los hijos de Israel estaban a orillas del Mar Rojo. Tras de ellos estaba Egipto y generaciones de esclavitud. Entre ellos y la tierra prometida yace un cuerpo de agua que no es exactamente fácil de cruzar. Además, ¿qué pasará después de que crucen? Ellos no saben qué encontraran del otro lado. Por esto dudan.

Luego llegan noticias de que los carros del Faraón están en camino. Los israelitas no se pueden quedar allí dudando. Si quieren seguir vivos, deberán moverse. En el momento justo, Dios abre las aguas del Mar Rojo permitiendo que dos millones de personas puedan cruzar pisando tierra seca. Impresionante, ¿no es cierto?

Se podría pensar que el pueblo de Israel aprendió la lección, peor no fue así. Llegaron al otro lado del mar gimiendo y quejándose de que las cosas eran mejor en Egipto. Al menos tenían comida. ¿Por qué Moisés los había sacado de donde estaban para llevarlos a este desierto olvidado en primer lugar? ¿Se supone que esto es mejor?

Seamos honestos. Con su actitud, estaban pidiendo que les dieran algo más de tiempo. Y lo consiguieron. Dios les dio un poco más de tiempo para pensar, 40 años, para ser exactos. Durante ese tiempo vagaron en el desierto llevando una vida nómada. ¿Cómo sabían dónde ir? Una columna de nube los guiaba de día y una columna de fuego los guiaba de noche. Los israelitas pasaron 40 años aprendiendo que la vida significa movimiento en respuesta a los estímulos. Una y otra vez, se levantaba, empacaban y avanzaban.

En el Nuevo Testamento los discípulos escucharon las instrucciones de Jesús a medida que ascendía a su lugar con el Padre.

No se alejen de Jerusalén, sino esperen la promesa del Padre, de la cual les he hablado... Pero cuando venga el Espíritu Santo sobre ustedes, recibirán poder y serán mis testigos tanto en Jerusalén como en toda Judea y Samaria, y hasta los confines de la tierra.

—Hechos 1:4, 8

Así que los discípulos reciben y experimentan la maravillosa llenura del Espíritu, salen a proclamar las Buenas Nuevas en varias lenguas y tres mis personas pasan a formar parte del reino. Todo es tan maravilloso que desean establecerse allí. ¿Por qué arruinar algo bueno? Pero Jesús les había dicho que debían llevar este mensaje a todo el mundo, no sólo en Jerusalén. Necesitaban moverse. Cuando la persecución aumentó recibieron el estímulo necesario para avanzar. Hechos 8 nos cuenta como los discípulos fueron dispersados por Judea y Samaria. Poco después, leemos sobre sus aventuras en tierras aún más lejanas: Antioquía, Éfeso, Filipo. Este movimiento fue una señal de que la iglesia primitiva estaba viva.

RESPIRACIÓN

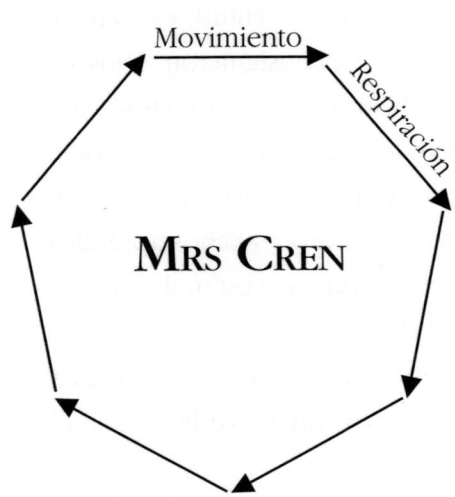

La respiración va más allá del acto de inhalar y exhalar. Cada célula del cuerpo tiene su propio "cuarto de máquinas" llamado mitocondria que libera energía. Este cuarto de máquinas depende del oxigeno que entra al cuerpo por medio de la aspiración. Así que la inhalación es absolutamente necesaria para que la respiración tenga lugar, y el proceso de respiración es esencial para que la energía sea liberada y el cuerpo pueda funcionar y comenzar todo el ciclo de nuevo.

De vez en cuando Dios visita a su pueblo y derrama su Espíritu. En el Antiguo y Nuevo Testamentos, se usa la misma palabra para describir la visitación de Dios. La palabra hebrea *ruach* y la palabra griega *pneuma*, las cuales significan "respirar". Dios respira en su pueblo. El Espíritu de Dios y su aliento son la misma cosa. De la misma forma en que el oxigeno de la respiración libera energía en nuestros cuerpos, la respiración de Dios en nosotros libera la energía de su Espíritu en nuestras vidas. Dios liberó su aliento en un bulto de barro el sexto día de la creación y Adán recibió la vida. Necesitamos que Dios respire en nosotros y nos de la vida.

¿Ha visto alguna vez a un niño engreído decidir sostener el aliento hasta que sus padres le dejen tener o hacer lo que él quiera? El niño no sabe que se desmayará si no respira (por lo que su amenaza no es tal cosa) y que los reflejos de su cuerpo lo harán volver a respirar incluso aunque crea que no quiere hacerlo.

> Dios desea que el poder de los cielos se manifieste en nuestras vidas, y esto ocurre por medio de la respiración espiritual.

¿Por qué algunas veces nos resistimos a la respiración espiritual? Cuesta más resistirse a respirar que tan sólo hacerlo. Dios está listo para respirar en nosotros, incluso cuando cerramos nuestros labios. Cuando hacemos esto, Dios tiene que tomar medidas drásticas para que volvamos a respirar. Dios desea que el poder de los cielos se manifieste en nuestras vidas, y esto ocurre por medio de la respiración espiritual.

La oración es la respiración de Dios llenándonos de nuevo. Debemos respirar profundamente el aliento de Dios. Al hacerlo, descubriremos que la energía de Dios para completar la obra es liberada en nosotros. Pero esto no está en nuestra naturaleza, ¿o sí? Cuándo nos sentimos abrumados y creemos que no tendremos el tiempo necesario para hacer todo lo que se supone debemos hacer en el día, ¿qué es lo primeros que abandonamos? El tiempo de la oración, ¿no es cierto? John Wesley, el gran reformador ingles, sabía que si pretendía enfrentar lo que el día traía consigo, debía comenzar con oración. Si ala agenda del día era particularmente agitada, el apartaba incluso más tiempo para la oración. En Alemania, Martín Lutero hizo lo mismo. de hecho, Lutero describía su relación con el Señor como respiración.

Trabajaba como pastor fundando una iglesia en Arizona cuando estudié por primera vez el curso de LifeShapes. Cuando me senté y escuché la increíble enseñanza de Mike, las series de MRS CREN captaron mi atención, especialmente en lo referente a la respiración. Mi nueva congregación y la oficialidad de la iglesia habían invertido meses en acelerar los motores para que algo increíble sucediera. Invertimos tanto tiempo en prepararnos para el futuro e imaginándonos las maravillosas bendiciones que Dios con toda seguridad nos daría que olvidamos tomar tiempo para respirar. Nos ejercitamos tanto que estábamos hiperventilados. ¿Qué le sucede a una persona cuando se hiperventila? Se desmaya. Nuestra nueva iglesia estaba a punto de desmayarse por pensar demasiado en nuestra respiración.

—Pastor Kurt

Hablamos aquí de la respiración normal y sana, no de la hiperventilación. Hoy en día la comunidad cristiana tiene un extraño comportamiento cuando se refiere a la respiración espiritual. Por un lado, tenemos a alguien tomando una bocanada de aire cada dos minutos más o menos, sólo lo suficiente para permanecer vivo, pero sin hacer nada más. Luego tenemos a aquellos que aspiran aire como si fueran a dejar de existir en cualquier momento. Estas personas pronto se enferman y necesitan tomar cama.

Un tercer tipo lo hace de la manera correcta: el corredor. Alguien que está en forma y puede correr largas distancias ha desarrollado una respiración disciplinada. Una respiración profunda y natural refresca todo el cuerpo del corredor con cada inhalación, y despeja los pulmones con cada exhalación.

Necesitamos respirar. Necesitamos respirar en Dios. Usted no está pensando ahora mismo en respirar, ¿o sí? Si lo está, algo anda mal. Caminar con Dios debería ser tan automático como la acción de respirar. Debemos aprender lo que significa andar en el Espíritu, como dijo Pablo. Caminar y respirar al mismo tiempo. ¿Puede hacerlo usted?

¿Anhela ser alimentado espiritualmente? Debe correr tras Dios. Si usted desea correr tras Dios tendrá que aprender a respirar profundamente de su aliento.

SENSIBILIDAD

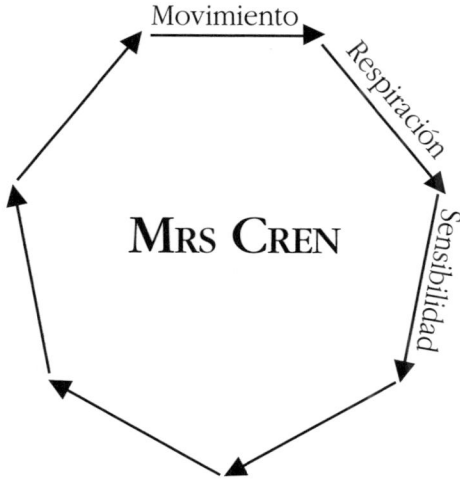

Su cuerpo no es un conjunto de partes independientes puestas juntas al azar. Su cuerpo funciona como una unidad. Esa es la forma en que Dios le hizo. Los organismos vivos se mueven de acuerdo a los estímulos. Nuestros órganos sensoriales, los cuales tienen tropecientos de células receptoras,

> El cuerpo humano tiene varios sentidos, al igual que el cuerpo de Cristo.

detectan la estimulación y dicen al cerebro que hay algo allí fuera, y el cerebro le dice a los múscu-los que se muevan o algo más.

En Egipto, Faraón endureció su corazón para con el Señor. Después de un cierto tiempo, Dios le dijo: "Muy bien, ¿tú quieres un corazón duro? Pues te voy a dar uno". Siglos después, Pablo escribió a Timoteo sobre gente cuya conciencia había sido "encallecida" (1 Ti. 4:2 NVI, "cauterizada" RV). Le habían dicho "No" a sus conciencias tantas veces que habían perdido toda sensibilidad de lo que era correcto.

Algunas veces, Pablo utiliza un lenguaje maravilloso. Él dice, "os amo a todos vosotros con el entrañable amor de Jesucristo" (Fil. 1:8 RV). ¿De qué se trata esto? Pablo utiliza una palabra que se relaciona con los intestinos. En su época, esta palabra también significaba el lugar en donde residen las emociones, lo que nosotros llamaríamos el "corazón". Es el lenguaje contemporáneo para "Les hablo con toda la pasión que hay en mí. Siento lo que ustedes sienten". Cuando Pablo escribe a Filemón, usa la misma palabra, diciendo "conforta mi corazón" (tripas, en el original, Flm. 20).

Debido a la forma en que nuestros cuerpos funcionan, algunas veces sentimos cierta tensión en el estómago. Pablo les dice, "Estoy tenso y ustedes me relajan". La sensibilidad es importante en el reino. El cuerpo humano tiene varios sentidos, al igual que el cuerpo de Cristo. Mientras más sentidos estén activos, más veremos las necesidades alrededor nuestro y nos sentiremos motivados a actuar. El lado sensible, cariñoso y pastoral de lo que Dios desea hacer en y a través de nosotros es expresado por medio de nuestras células receptoras espirituales. Cuide de que sus sentidos no estén tan embotados que ya no sean capaces de sentir el dolor y la alegría de al gente alrededor suyo.

CRECIMIENTO

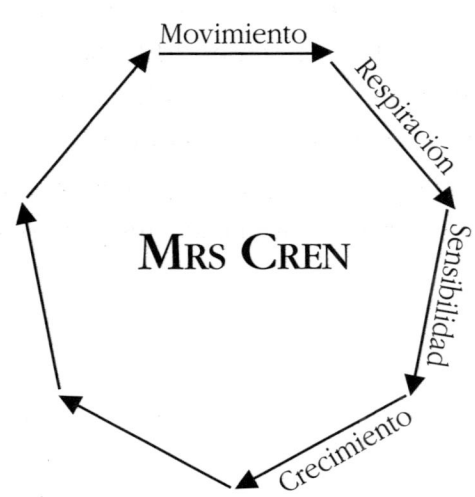

Los niños detestan que los adultos les digan "¡Caramba! ¡Qué grande estás!", como si tal hecho fuera una sorpresa. ¿No ha visto como elevan las cejas? Los niños crecen, es algo normal, es lo que todos esperamos. Cuando no crecen, entramos en pánico. El crecimiento es un proceso natural en los seres vivientes, aun cuando nos maravillemos de ello.

> El crecimiento ocurre en el ritmo natural de la vida.

El crecimiento no sucede a un ritmo regular y ascendente. No vemos el crecimiento todos los días. El crecimiento ocurre en el ritmo natural de la vida. Los niños van lentamente, luego se disparan hacia arriba y pareciera como si hubieran crecido diez centímetros en una sola noche.

¿Está usted creciendo? Algunas veces es difícil decir si es así o no, pero el crecimiento debe ocurrir en un ser viviente. Cuando se deja de crecer, se muere. Así de sencillo.

No debemos luchar para crecer. Dios es el que nos hace crecer. (Véase 1 Corintios 3:6-9 y Colosenses 2:19, Dios nos hace crecer). Sin embargo, hay ciertas cosas que debemos hacer para crear un ambiente adecuado para el crecimiento, tanto individual como grupal. Si los otros seis aspectos de MRS CREN trabajan apropiadamente, el crecimiento ocurrirá. Pasemos entonces a los últimos tres principios de MRS CREN.

Capítulo 21

¡Estamos vivos!

MRS CREN trata de la vida y Jesús habla de la vida constantemente. Somos criaturas biológicas y Jesús no ignora esto. De hecho, muchas —si no todas— sus historias y enseñanzas guardan relación con nuestros cuerpos y sus necesidades: alimento, vestimenta, refugio. Como sus seguidores hoy, todavía estamos limitados en estos cuerpos y tenemos las mismas necesidades que los discípulos hace dos mil años. Jesús no ha olvidado lo dura que puede ser la vida diaria para los humanos.

Al mismo tiempo debemos darnos cuenta de que nuestros cuerpos y espíritus están intrínsecamente interrelacionados. Esta fue una lección que Jesús trató de enseñar a los fariseos cuando sanó al paralítico (Lucas 5:17-26) y, obviamente, cuando leemos los numerosos artículos actuales sobre la conexión entre la fe, la oración y

> Nuestros cuerpos y espíritus están intrínsecamente interrelacionados.

la salud, un concepto que el hombre moderno está reinvestigando. Jesús pasó gran parte de su ministerio en la tierra sanando cuerpos enfermos y deformes, sabiendo que al hacer esto, estaba tocando también sus espíritus.

Vivimos en tiempos de cambio crítico. El paisaje alrededor nuestro está cambiando: cultural, espiritual, grupal e individualmente. Durante estos tiempos de cambio, muchos se resistirán, pero ya deberíamos saber que la resistencia es fútil. Un sinónimo de fútil es infructuoso, no produce resultado alguno y es completamente inútil, ¡y esto *no* es rasgo característico de una vida apasionada! Las siete señales de la vida representadas por MRS CREN pueden ayudarnos a entender cómo permanecer sanos y productivos incluso cuando el mundo cambia alrededor nuestro. Continuemos viendo cómo los principios de MRS CREN pueden ser aplicados a la vida espiritual.

REPRODUCCIÓN

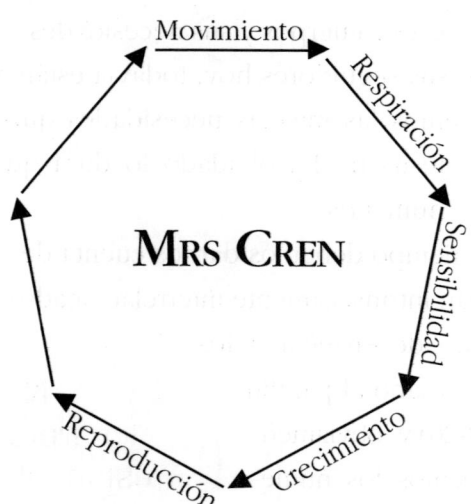

La reproducción es diferente al crecimiento en el sentido de que es una multiplicación del organismo completo, no sólo del simple crecimiento de nuevas células. Los seres vivientes en algunos casos se reproducen uniendo dos elementos diferentes y luego fusionándolos en un nuevo elemento. Un espermatozoide y un óvulo, células vivas en sí mismas, se unen para formar un nuevo organismo. El nuevo organismo tiene rasgos y apariencia similar al de sus "donantes", el espermatozoide y el óvulo. La reproducción ha tenido lugar.

El orden creado parece tener un mecanismo que previene que especimenes débiles o enfermizos se multipliquen. Estos generalmente no se reproducen, los sanos son los que propagan las especies. La meta de una especie es crear una nueva generación sana, el objetivo más importante de sus vidas. Nótese el lenguaje que Jesús utiliza en Juan 21 cuando re-comisiona a Pedro. No le dice a Pedro que cuide de aquellos que tengan más dinero o de los adultos. Él le dice: "apacienta mis ovejas". Las ovejas son los pequeños, la próxima generación.

Para la obra del reino, crear una próxima generación sana de creyentes es la meta más importante que tenemos. No nos preocupamos tan sólo por nuestro propio crecimiento, sino por obedecer el mandato de Jesús de ir y hacer discípulos en todo el mundo.

Excreción

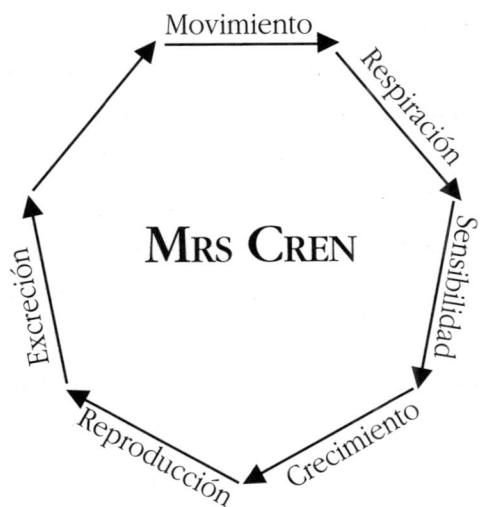

Formamos un sedimento de pecado y necesitamos deshacernos de él.

"Muy bien", podría usted decir. "Puedo entender cómo los otros seis procesos biológicos pueden ser aplicados a mi vida en Dios, pero no la excreción. ¡Eso es simplemente asqueroso!" Error. Nuestros cuerpos no son la única cosa que amontona un montón de basura a lo largo del día. Nuestros corazones también lo hacen. Formamos un sedimento de pecado y necesitamos deshacernos de él. Si no nos deshacemos de ellos, actuaran como lo hacen las toxinas en el cuerpo humano, causando enfermedad y, eventualmente, la muerte.

Jesús lo expresó claramente: Perdone a otros para que Dios lo perdone a usted. El rencor puede ser peligroso para su salud física también – aumento de la presión sanguínea, cambios hormonales, enfermedades cardiovasculares, daño en las funciones cerebrales, incluyendo perdida de la memoria. No excretar lo que otros nos han hecho es tan insano como no librarnos de nuestros pecados.

En Juan 13 Jesús lava los pies de sus discípulos. Él les dice: "El que ya se ha bañado no necesita lavarse más que los pies; pues ya todo su cuerpo está limpio". En otras palabras, "Ustedes ya han sido limpiados por la palabra que les he hablado, pero deben dejar que les lave los pies. Los tienen sucios". Debemos deshacernos de todas las cosas que podrían volverse tóxicas para nuestros cuerpos si no las eliminamos.

Esta es una de las razones por las que Jesús es tan claro en lo que se refiere a las relaciones. En Mateo 18, no nos dice que vayamos donde el pastor o nuestro mejor amigo para decirle si tenemos algo contra alguna persona. Él nos manda directo a tal persona. Si la persona no escucha, debemos llevar un par de testigos. Llevar el asunto ante toda la iglesia si es necesario. Así de importante es liberarnos de las toxinas que envician nuestras relaciones.

Si usted no excreta en su vida natural, además de lucir bastante desagradable y sentirse muy incómodo, usted morirá. Este es un hecho médico. Las toxinas aumentan dentro de usted y causan que los órganos vitales dejen de trabajar. Eventualmente todo su cuerpo deja de funcionar, permanentemente. El escritor de Hebreos llama a esta acumulación de toxinas dentro de nosotros "raíz de amargura" (He. 12:15 RV). Se nos ha dicho que debemos removerla.

Nutrición

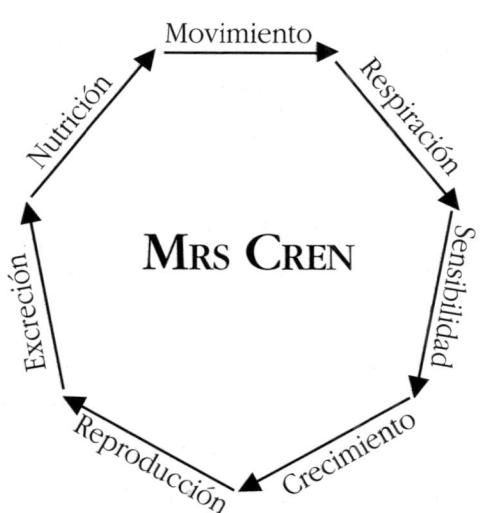

Finalmente, tenemos a la nutrición. Todos los seres vivientes necesitan ingerir nutrientes o morirán. En esta era de alimentos libres de carbohidratos y grasas, tenemos una conciencia aun mayor sobre lo que es una adecuada nutrición. En lo que respecta a nuestra dieta espiritual, hay tan sólo un plato principal. "Yo soy el pan de vida", dice Jesús (Juan

6:48). Para vivir, debemos ingerir sus palabras, sus acciones, sus mandamientos. Podemos ira aun más lejos en esto.

Cuando Jesús se encontró con la mujer junto al pozo (Juan 4), le dejo descubrir por sí misma que él era el agua de vida. Si ella bebía del agua que él le ofrecía, jamás volvería a sentir sed de nuevo. Mientras que ella se maravillaba con lo que Jesús le estaba diciendo, los discípulos aparecieron. Habían ido hasta una aldea cercana para comprar comida. Cuando regresaron, le ofrecieron de ésta a Jesús.

"Yo tengo un alimento que ustedes no conocen", les dijo (Juan 4:32). Los discípulos se preguntaban qué comida era esta y de dónde la había sacado. Alguien quizás le habría ofrecido comida a Jesús mientras ellos estaban fuera. Quizás estaban celosos, pensando que la comida de Jesús era probablemente mejor que la que ellos tenían para comer. Luego Jesús les explicó más claramente a qué se refería.

"Mi alimento es hacer la voluntad del que me envió y terminar su obra", les dijo.

Obedecer a Dios es nuestra nutrición. Cuando obedecemos los mandamientos de Jesús, nuestra alma es alimentada. Nos sentimos completos y llenos.

Sin nutrición, usted morirá. No existe alternativa alguna. De la misma forma, los creyentes mueren si no son alimentados regularmente en Jesús, la misma Palabra de Dios. Debemos clara y consistentemente proclamar sus enseñanzas. Pero no nos debemos limitar a ello. Debemos obedecer sus mandamientos para recibir la nutrición vital que necesitamos para nuestro crecimiento.

He aquí MRS CREN.

Capítulo 22

Una Revisión Personal

*H*a tenido alguna vez una uña enconada? ¡Puede ser increíblemente doloroso! Se supone que las uñas de los pies deben crecer naturalmente hacia fuera, y cuando lo hacen así no les prestamos la más mínima atención. Pero cuando el crecimiento natural de una uña es inhibido, esta se puede inflamar, infectar y volverse fastidiosamente irritante. La mayoría de las uñas enconadas se encuentran en los pies de los occidentales, quienes insisten en apachurrar sus dedos dentro de zapatos inadecuados. ¿Cómo se encona una uña? Respondiendo de manera inadecuada a la presión externa inhibiendo su crecimiento natural.

Como cristiano, ¿se ha enconado usted espiritualmente? ¿Existen áreas en su vida a las cuales ha mal dirigido su atención y energías, o ha respondido inapropiadamente a la presión externa? Este es un malsano estado de cosas. Al ser desatendidas, estas áreas de su vida pueden enconarse, enfermarse y causarle gran dolor. No basta con leer las enseñanzas de Jesús y conocer el tipo de vida que nos ofrece. Debemos hacer un esfuerzo conciente de comparar nuestras vidas con las verdades de la Escritura. Necesitamos revisiones regulares y MRS CREN puede ayudarnos.

Una Auto-revision

Los doctores dicen que la mayoría de los cánceres pueden ser curados si se descubren a tiempo. Por lo tanto, se nos enseña como revisar nuestros cuerpos en busca de señales potenciales de cáncer u otras enfermedades para poder descubrirlas, sanarlas y permanecer vivos. Estar al tanto de los siete procesos de MRS CREN nos enseña cómo realizar un examen minucioso.

Susan tragó grueso cuando su cardiólogo le hizo la inevitable pregunta: ¿Cuál es la actividad más vigorosa que usted ha hecho en los últimos seis meses?" Las imágenes volaron en su mente. Aquella excursión a pie de siete millas (poco menos de 12 kilómetros) sobre la que pensó en el verano. No, al final nunca fue. Nadar lo suficiente como para salpicar algunas gotas al borde de la piscina tratando de evitar el juego de baloncesto acuático de los niños. La rutina había hecho más estragos de los que quería admitir. "Caminar vigorosamente" fue lo único que se le ocurrió. Ella odiaba esa pregunta. Pero siempre la hacía pensar sobre sus elecciones de actividad. Quizás nunca llegaría a correr una maratón, pero sí podía caminar tres millas (unos 5 kilómetros) por día. Ella podía ser activa si decidía serlo.

¿Se está usted moviendo? Jesús dice, "Ven, sígueme". Muévase. Crezca. No se estanque. Debemos estar listos para hacer nuevas cosas y hacer las viejas de una nueva forma. Esto es **movimiento**, una señal vital de que usted está vivo. Dios usa una variedad de estímulos para hacernos mover: las Escrituras, los sermones, la profecía, la persecución. Nuestra respuesta siempre debería ser la misma: movernos.

Segundo, ¿cuál es su nivel de **respiración**? Un paciente con asma utiliza un "espirómetro", aparato que se usa para medir la cantidad de aire que entra y sale de los pulmones del paciente. Cuando el aire cae por debajo de un cierto nivel se requiere atención inmediata. En un episodio de asma, respirar es doloroso o provoca un ataque de tos, y los pulmones nunca se sienten realmente llenos. La respiración no es automática, sino trabajosa. No existe energía física alguna.

¿Está dejando usted que Dios respire en usted? ¿Está usted respirando de manera constante y sana, como un corredor disciplinado? ¿O está usted hiperventilando y jadeando tratando de conseguir aire? Para poder tener energía espiritual debemos estar respirando el aliento de Dios por medio de la oración. Piense en la oración como si esta fuera un espirómetro de su respiración espiritual. ¿Ora usted regularmente? ¿Está recibiendo cantidad suficiente del aliento de Dios? si no es así, no se sorprenda cuando le falte energía espiritual. Tenga algunas respiraciones profundas del Espíritu de Dios y vea como se transforma él en el cuarto de máquinas de su vida.

> Tenga algunas respiraciones profundas del Espíritu de Dios y vea como se transforma él en el cuarto de máquinas de su vida.

¿Y qué hay de la **sensibilidad**? En Efesios 4, Pablo explica los cinco dones que sirven como base del ministerio, entre sí y en relación con el mundo. El reino de Dios necesita de gente que sea sensible para oír a otras personas, que sepa escuchar activamente y que pueda enseñar a otros cómo proceder. Estos son nuestros maestros.

Aquellos que son sensibles para hablar, que han recibido el don de compartir las buenas nuevas en cualquier ocasión, son los evangelistas. Aquellos que saben percibir lo rancio y saben cuando es tiempo de avanzar son los apóstoles, quienes son sensibles al mover de Dios para explorar nuevos territorios para el reino.

Dios desea que seamos sensibles a sus estímulos de manera que nos movamos y actuemos según su dirección. Necesitamos de aquellos que comparten las necesidades y dolores de los demás, de los pastores que ríen con aquellos que ríen y llora con aquellos que lloran. Necesitamos de aquellos que son sensibles a la visión, en este caso de las visiones dadas por Dios. Estos son los profetas.

¿Están trabajando sus células receptoras? ¿O se han embotado y vuelto insensibles? ¿Ve, siente y escucha el dolor de la gente alrededor suyo? ¿Ve, siente y escucha la alegría de la gente alrededor suyo? ¿Siente el codazo de Dios cuando él quiere que usted haga algo, o su conciencia se ha cauterizado y su corazón endurecido?

¿Está usted **creciendo**? Recuerde cómo era hace un mes, hace seis meses, hace un año. ¿Qué tan lejos ha llegado? Quizás se sorprenda usted mismo con lo mucho que ha crecido. Quizás le haya ocurrido lo mismo en el plano espiritual. En cierto momento pudo haber pensado que las cosas eran bastante insípidas en lo espiritual. En retrospectiva, puedo ser capaz de ver como Dios estaba preparándole para un gran crecimiento que tendría lugar en una nueva etapa de su vida espiritual.

¿Está usted **reproduciéndose** y ayudando a otros a crecer? La necesidad es mucha.

Observe a Europa. Los niños, adolescentes y adultos jóvenes ya no asisten a la iglesia. ¿Por qué? Los cristianos en Europa han olvidado reproducirse a sí mismos en la nueva generación. De hecho, no existe una "próxima generación" de cristianos en Europa. Quizás las generaciones anteriores de cristianos no eran sanas, y por lo tanto no se reprodujeron. Dios hará algo nuevo —provocar un nuevo crecimiento— en Europa, pero no será siguiendo el orden natural de las cosas. Nuestro primer clamor debe ser por los niños que vendrán. Debemos decir con el salmista:

PARA MÁS INFORMACIÓN SOBRE LOS ROLES DEL MINISTERIO, VÉASE EL PENTÁGONO, CAPÍTULO 16.

Aun cuando sea yo anciano y peine canas,
no me abandones, oh Dios,
hasta que anuncie tu poder a la generación venidera,
y dé a conocer tus proezas a los que aún no han nacido.

—Salmo 71:18

En nuestra vida espiritual, Dios toma nuestras palabras (compartir las Buenas Nuevas del perdón de Dios en la persona de Jesús) y las fusiona con el corazón de alguien abierto a las Buenas Nuevas para hacer un nuevo espíritu, uno que esté vivo, nacido de lo anterior. Esto es reproducción en el nivel espiritual. Un cristiano se ha transformado en dos. De estos dos nacerán cuatro. Un pequeño grupo se formará y pronto será multiplicado en muchos más grupos pequeños formando una iglesia.

¿Cómo está ayudando usted a traer más niños al reino? ¿Es importante la reproducción para usted? Debería serlo, es una señal de que usted está vivo.

La **excreción** es un asunto delicado. No nos gusta admitir que tenemos todo ese montón de basura dentro. En nuestra pretendida rectitud, somos más rápidos para ver las ofensas de los otros hacia nosotros que nuestros propios pecados. El tipo que se nos travesó en medio del tráfico es un idiota. El árbitro que marcó el tercer *strike* es ciego e incompetente. ¿Cómo es posible que Fulano se haya dejado engañar por ese estúpido vendedor? Comparamos nuestros mejores momentos con los peores hábitos de los demás, y terminamos luciendo bastante bien. Al igual que los fariseos, damos gracias a Dios porque no somos como el recolector de impuestos. Pero pecado es pecado, y siempre es tóxico. Hay que salir de él.

Jesús desea que nos deshagamos de las toxinas amargas, especialmente del rencor. Esta es una parte tan importante de tener un espíritu saludable que Jesús lo incluye en su modelo de oración. "Perdónanos… como también nosotros hemos perdonado" es algo que debemos orar diariamente.

Finalmente, ¿qué es lo que está comiendo? ¿Se está alimentando de Jesús? ¿Está ingiriendo regularmente una sana comida para una **nutrición** espiritual adecuada, o sólo está picando aquí y allá sin prestar mucha atención a su dieta espiritual? Servicios dominicales un par de veces al mes. Quizás un corto devocional cuando se acuerda de hacerlo, que no es muy seguido para ser honestos. Una rápida oración antes de comer si otros cristianos lo están observando, pero no si quienes lo observan son no creyentes.

Cambiar de dieta no es algo sencillo. Pregúntele a cualquier que haya tratado de perder diez kilos, eliminar la sal para bajar la presión sanguínea, o comer bajo en grasas para bajar los niveles de colesterol. Las cosas sanas demandan más tiempo para ser preparadas, más tiempo para comprarlas, quizás hasta más dinero para comprarlas. Se requiere esfuerzo y una conciencia constante. Pero los beneficios a largo plazo son enerotes.

> No podemos vivir de comida rápida espiritual.

Jesús es el pan que nos alimenta. No podemos vivir de comida rápida espiritual. Debemos venir a la mesa que él coloca delante de nosotros y comer con ganas la comida que nos ofrece.

CRECIENDO MÁS FUERTES

¿Ve a dónde vamos con esto? LifeShapes no es un curso que usted hace una sola vez, recibe un certificado para colgar en la pared y se olvida de él. Se trata de la vida. Al examinarse a usted mismo usando

 PARA MÁS INFORMACIÓN SOBRE LA ORACIÓN, VÉASE EL HEXÁGONO, CAPÍTULOS 18 Y 19.

MRS CREN, usted sabrá en donde están los potenciales problemas amenazantes para su vida.

Cada una de las figuras de LifeShapes hace alusión al movimiento.

Cuando un momento *kairos* le impulsa a entrar en el Círculo, usted se mueve del arrepentimiento a la fe.

El Semicírculo nos pide que nos movamos del descanso a la productividad y viceversa.

Su relación Arriba con Dios (vista en el Triángulo) hace que tenga también relaciones Dentro y Afuera.

En el Cuadrado, los líderes ayudan a los aprendices a moverse en cada lado siguiendo una secuencia, o todo el proceso fracasará.

Si su ministerio permanente en el Pentágono es el pastorado, usted se moverá constantemente a través de los otros cuatro roles como ministerios transitorios.

El Padrenuestro es el modelo de oración en el cual cada una de sus seis partes se mueve a través de las otras.

Y en el Octágono, que veremos a continuación, encontraremos a la Persona de Paz y le invitaremos a él o a ella a caminar (moverse) con nosotros.

Pase por cada uno de los siete procesos de la vida de esta forma y revise su propio pulso. Cuando encuentre un área en la cual ha sido negligente, déle mayor atención. No espere hasta enfermarse y necesitar de cuidados intensivos. Ejercite el cuidado preventivo de manera que su vida espiritual permanezca vibrante y llena del Espíritu.

Capítulo 23

Un Estilo de Vida de Alcance

O h, no. Ocho lados. Estas figuras se están complicando cada vez más." No deje que el hecho de que el Octágono tiene ocho lados le desaliente. No le vamos a sobrecargar con ocho lecciones de grandes teologías con ocho puntos para memorizar, será mucho más sencillo. Queremos que el Octágono le recuerde compartir las Buenas Nuevas, el único trabajo que Jesús nos dejo. El mensaje principal del Octágono es este: Encuentre la Persona Digna de Paz.

Nuestras relaciones externas no son proyectos sociales ocasionales o programas de evangelismo. Debemos tener un estilo de vida misionero, evangelístico y de servicio. Jesús hablando de su misión a sus discípulos dijo de ella "porque para esto he venido" (Marcos 1:38 RV). Él habló de enviar a sus seguidores como su Padre lo había enviado a él (Juan 20:21). Él los envió como hacedores de discípulos (Mateo 28:19). Los describió como sus testigos en áreas en continua expansión hasta alcanzar todos los rincones de la tierra (Hechos 1:8).

La estrategia bíblica de evangelismo es la base del Octágono.

La Persona Digna de Paz

Con frecuencia nos sentimos derrotados por la estrategia de evangelismo que escogemos. Algunas veces tratamos exageradamente de atraer en lugar de alcanzar. Jesús enseñó a sus discípulos que una estrategia de evangelismo que no dependía de programas, presupuestos, infraestructura o atraer multitudes. Cuando Jesús envió a los 72 discípulos delante de él, a proclamar la venida del reino de Dios, les dio también instrucciones de cómo proceder:

Cuando entren en una casa, digan primero: "Paz a esta casa." Si hay allí alguien digno de paz, gozará de ella; y si no, la bendición no se cumplirá.

—Lucas 10:5-6

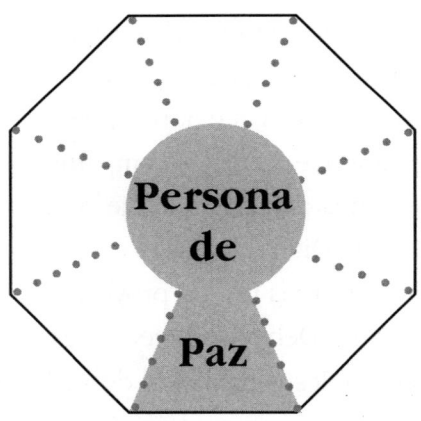

Jesús le dice a sus discípulos —y por lo tanto, a nosotros también— que a medida que vayamos por este mundo, debemos ir en busca de una Persona digna de Paz. ¿Quién es esta Persona digna de Paz, y cómo la reconoceremos?

Muy simple, una Persona digna de Paz es aquella que está preparada para escuchar el mensaje del reino y su Rey. La Persona digna de Paz está lista para recibir lo que Dios le dará a usted para decir en ese momento. Esta debería ser nuestra oración cada día. "Señor, trae a mi camino hoy una Persona digna de Paz, y dame la gracia y el valor para hablar tu palabra a esta persona." Alguien que no es una Persona digna de Paz no recibirá lo que usted tenga para decir. No se sienta obligado a insistir. Jesús dice que debemos sacudir el polvo de nuestros pies y seguir adelante. Usted

> "Señor, trae a mi camino hoy una Persona digna de Paz, y dame la gracia y el valor para hablar tu palabra a esta persona."

puede examinar todas las objeciones que la gente tiene hacia el cristianismo y resolverlas. Puede estar listo para tratar los puntos uno, dos y tres. Puede ser persistente porque de verdad cree que esta persona necesita conocer a Cristo. Pero al final, ninguna cantidad de presión por parte suya hará que alguien se convierta en una Persona digna de Paz. Ese es el trabajo del Espíritu Santo; sólo él puede preparar un corazón para escuchar el Evangelio. Nuestro trabajo es tener abiertos nuestros ojos espirituales, en busca de una Persona digna de Paz que se cruce en nuestro camino. Debemos mantener en mente cinco cosas mientras vamos en busca por la persona digna de paz en nuestras vidas.

Tiempo

Jesús procede enviando a los discípulos con la exhortación de que existen tiempos y lugares específicos cuando la cosecha está lista. Enlaza esta reflexión con una observación: Abrir los ojos. No todos los sectores de la sociedad o subcultura están igualmente listos y abiertos al Evangelio. En algunos casos necesitamos sembrar, mientras en otros debemos estar listos para cosechar. Parte de nuestra misión es tener la perspectiva de Dios mostrándonos donde hay apertura espiritual (Juan 4:34-38).

La cosecha es sólo una estación de varias que se alternan durante el año. No se puede cosechar en la época de siembra o en la época de crecimiento. Se debe esperar por el momento justo para la siega. Revisar el maíz todos los días para ver si ha crecido no ayuda en absoluto a adelantar el tiempo de la cosecha.

Jesús dice que la cosecha es abundante. Siempre hay oportunidad de ver gente venir a Cristo cuando es el momento justo para esas personas. Por ejemplo, usted quizás tenga una mejor cosecha entre sus vecinos que entre sus compañeros de trabajo. Así que concéntrese en cosechar en su vecindario mientras espera que espera la estación de crecimiento en su trabajo.

A través de los tiempos, los discípulos han cometido el error de pensar que si tan sólo trabajan duro la cosecha llegará pronto. Jesús no dijo eso. En Juan 4, dice: "Abran sus ojos y miren; la cosecha está allí". En otras palabras, regresen al proceso de aprendizaje del Círculo y pasen por los pasos de la Observación, Reflexión y Discusión para saber dónde está la cosecha. ¿Cuál es el mayor grado de receptividad en este momento de su vida y en los lugares en los que acostumbra estar?

Cuando fui (Mike) pastor en Brixton, lo que hicimos trabajando en el zona más recóndita de Londres fue ir por allí preguntándole a la gente que creían ellos que debíamos hacer. Tocamos las puertas e hicimos un sondeo. Queríamos saber lo que estaba sucediendo. Así que hicimos preguntas acerca de lo que la iglesia debería estar haciendo en la comunidad y cuál era el tema principal en el cual se podía involucrar la iglesia. No teníamos segundas intenciones. No estábamos tratando de brincarnos las cuatro leyes espirituales. Fue un sencillo cuestionario que nos ayudó a observar la receptividad de la gente en el vecindario. En-

> A través de los tiempos, los discípulos han cometido el error de pensar que si tan sólo trabajan duro la cosecha llegará pronto.

contramos personas que dijeron, "Nos preocupan los niños y la gente joven". Otros dijeron, "El peor problema es la basura en las calles".

Así que salimos de allí y oramos. Esto fue en los años 80's, y alrededor de ese tiempo, Graham Kendrick estaba comenzando el movimiento de Marcha para Jesús. Así que comenzamos a hacer una marcha de alabanza y recolección de basura en nuestra comunidad una vez al mes. Muchas personas vinieron a Cristo porque vieron una metáfora del reino justo delante ellos. Vieron a la iglesia trabajando.

Equipo

Jesús siempre envió en misión a los discípulos en pares. Un equipo siempre está formado por un mínimo de dos. Vemos también este principio en el ministerio de Pablo. Constantemente se refiere a sus compañeros de equipo: Bernabé, Silas, Timoteo, Tito, Lucas. Nuestras relaciones internas conducen a nuestro ministerio externo. No estamos llamados a ir solos.

¿Por qué en equipos? Es realmente simple. Eclesiastés 4:9 dice, "Más valen dos que uno, porque obtienen más fruto de su esfuerzo". Así que si siente que la presión del Espíritu por testificar a sus amigos, mire alrededor. ¿Quién está en su equipo? ¿Quién puede estar con usted en un lugar social en dónde podría ser apropiado compartir el evangelio? ¿Quién puede prometer orar por usted de manera constante mientras usted responde a este llamado? ¿Quién puede ayudarle a discernir el tiempo justo para la siega?

Objetivo

Jesús es estratégico en su alcance. Él sabía que no podía estar en todos lo sitios al mismo tiempo, y tampoco sus discípulos. Enfocó su alcance en las ovejas pérdidas de la casa de Israel (Mateo 10:6) y les advirtió sobre ser distraídos por aquellos que no están listos para recibir su mensaje (Lucas 9:5 y 10:4).

 Para más sobre Relaciones Dentro, Véase el Triángulo, Capítulo 10.

Jesús no les dice a sus discípulos que se paren sobre una caja en una esquina de la calle y que comiencen a predicar. En lugar de ellos, les dice que busquen a la Persona que es digna de Paz. Busca la persona que sea receptiva a su personalidad, la persona para quién ha llegado el tiempo de la cosecha.

A medida que busca oportunidades para compartir las Buenas Nuevas del reino de los cielos, busque personas que estén abiertas a usted y a su mensaje. Concéntrese en estas receptivas personas dignas de paz, y no fuerce el diálogo o relación en donde no fluye naturalmente. Este es un principio liberador, porque significa que estamos buscando personas como nosotros. ¿Qué tan difícil es esto? Usted conoce a personas a las cuales usted les cae bien y personas a las que no. No pierda su tiempo tratando de agradar a la gente. Eso hará tan sólo que piensen que usted es todavía más extraño. En lugar de ello, encuentre a alguien a quien sí le agrade y comience desde allí.

> Busca la persona que sea receptiva a su personalidad, la persona para quién ha llegado el tiempo de la cosecha.

Cuando la gente finalmente comprende este principio, la luz emerge. Comienzan a decir: "He encontrado una persona digna de paz en el trabajo" o "Mi vecino es una persona digna de paz". El evangelismo no trata acerca de cuentas marcas puede colocar usted en su Biblia, no tiene que alcanzar a cientos, o a miles, o a cientos de miles de personas para ser exitoso. Jesús quiere que alcance a aquel que ha puesto en su camino hoy y puede que sea tan sólo ese pequeño niño que le sonríe del otro lado de la calle y que quiere saber cuál es su nombre. ¡Comience desde allí!

Metas

El trabajo del discípulo es compartir las Buenas Nuevas del reino con la Persona digna de Paz, cuando y dondequiera que esté. ¿Cómo reconocemos a la Persona digna de paz? De acuerdo con las instrucciones que Jesús dio a sus discípulos en Mateo 10 y Lucas 10, la Personas diga de Paz:

- Le dará la bienvenida. Si no lo hace, nos dice: "sacúdanse el polvo de los pies" al salir de la casa (Mateo 10:14).
- Le escuchará. Quienes le oyen a usted, están oyendo a Jesús (Lucas 10:16)
- Le ayudan y apoyan. Debemos recibir la ayuda que una Persona digna de Paz nos de (Mateo 10:10).

Problemas

Si el maestro no es recibido, dice Jesús, los estudiantes tampoco deben esperar una calurosa bienvenida. Espere problemas mientras va al mundo a encontrar la Persona digna de Paz para compartirle las Buenas Nuevas del reino de Dios. Muchos no están listos aún para escuchar el mensaje, y reaccionaran fuertemente contra aquello que perciben como intolerancia o insensibilidad de su parte. Cuando esto sucede, sepa que no es cuestión de "si" sino de "cuando". ¿Qué podemos hacer con personas con alta resistencia espiritual? Con frecuencia tratamos de encontrar la persona más difícil dentro de un grupo para intentar llevarla a los pies de Cristo, especialmente si guardamos una estrecha relación con ellos. Pero a menos que Cristo ya les haya preparado para recibir su amor, nuestras acciones serán infructuosas, incluso hasta dañinas. Use este tiempo como una oportunidad para huir del problema. Comprométase a orar por esta persona y sea un ejemplo de amor delante de ella. En palabras de San

Francisco, "Predique el evangelio, y use las palabras si es necesario". Al vivir en amor, Dios usará nuestras acciones y preparará el terreno para las plantar las semillas cuando sea el tiempo justo.

RICH, UNA PERSONA DIGNA DE PAZ

Fui jugador de fútbol en un equipo universitario. Durante las sesiones de práctica, jugaba por lo general contra un muchacho llamado Dave. Nos llegamos a conocer bien y yo disfrutaba jugar contra él porque él era siempre alentador. Nunca soltó una palabrota y era siempre muy amigable. La mayor parte de mi experiencia en la escuela con jugadores de fútbol me convenció de que todos eran bocones y malhumorados, así que Dave era definitivamente diferente.

Nos hicimos amigos, hablábamos de esto y aquello, tomábamos café y cosas así. Él parecía genuinamente interesado en mí. Cerca de Navidad, comenzó la venta de tiquetes para la cena de Cristianos en los Deportes. Le compré un tiquete a Dave porque parecía una buena cena por un precio barato, y porque también me agradaban los chicos que irían a ella. Luego supe que los otros tres chicos que iban a la cena eran también cristianos. Nunca antes había tenido ninguna pregunta espiritual profunda, pero fui y me divertí.

Un atleta se levantó y dio su testimonio a las cerca de 200 personas que estaban allí, acerca de cómo había conocido al Señor el año anterior. Eso realmente me impresionó. Conocía a aquel chico y me agradaba. Él estaba siendo increíblemente honesto y valiente al compartir ese tipo de cosas. La manera en que hablaba y se comportaba tenían sentido. Él parecía tener una paz y una alegría que yo quería. Pensé, "Eso está bien. Yo debería vivir así".

Cuando la cena terminó, vi a Dave y le dije que quería saber más. Me sugirió entonces que fuera a su casa a hablar. Durante las siguientes seis semanas aproximadamente, otro chico y yo fuimos a casa de Dave y comimos con él y Jim (su compañero de piso). Vimos un video impactante y hablamos sobre las preguntas que teníamos.

Me sentía muy relajado. Dave y Jim nos dejaron preguntar desde lo más básico hasta lo más complicado. Dave me dio una Biblia y comencé a leerla un poco. Aquellos dos meses aumentaron mi conocimiento sobre Dios, y al final creí en mi mente en Jesús y Dios. Dave me invitó a ir a la iglesia, así que fui. Me sentía perdido, pero también atraído así que seguí yendo con Dave.

Después de ir unos tres meses, estando en mi carro un domingo en la mañana comencé a tararear "Gracia Admirable" al azar. El momento pasó tan rápido como había llegado. Aquella noche fui a un servicio. Al final, un saxofonista pasó al centro del escenario y comenzó a tocar "Gracia Admirable". Sabía que la estaba tocando para mí. Ese fue el momento en que Dios capturó mi corazón. Este Jesús sobre el cual había aprendido intelectualmente y en el cual creía era real y me conocía. Él estuvo allí en la mañana cuando tarareaba, y estuvo también en la noche cuando el saxofonista tocaba. Él quería mi corazón así como mi mente. Eso me sorprendió. Pase al frente de la iglesia y entregué mi vida al Señor.

A la semana siguiente escuché una presentación sobre el club infantil. Fui y me apunté para ayudar. El recién hallado amor que sentía por Dios me llevaba a la acción. Quería decir "gracias" por medio de mi vida. Llevo ahora seis años involucrado en el ministerio con niños. Lo seguiré haciendo hasta que Dios me diga que haga algo diferente.

Dave fue uno de los caballeros de honor en mi boda, y mi esposa y yo tuvimos las oraciones en la suya. Él es una constante fuente de amor y aliento para mí. Mi comportamiento con mis amigos no cristianos se basa en la manera en que Dave me trató a mí.

El Espíritu de Dios colocará gente en su camino que necesita escuchar las Buenas Nuevas. No tendrá que buscar muy lejos. Pero tiene que tener los ojos abiertos y estar dispuesto a girar la cabeza de un lado al otro. Esté abierto para tomar un desvío si la oportunidad surge para compartir las nuevas del reino.

CAPÍTULO 24

¿DÓNDE ESTÁ LA PERSONA DIGNA DE PAZ?

S ólo en acaso de que una figura de ocho lados siga pareciendo un poco intimidante, hemos hecho que todos los lados comiencen con la misma letra: P. Todas estas palabras con "P" le ayudarán a comprender los principios en práctica mientras tiene sus ojos abiertos a las oportunidades de compartir las buenas nuevas del reino con su Persona digna de Paz. Estos principios no están en orden secuencial. Cada una de estas oportunidades puede suceder en cualquier momento, si usted está alerta y las reconoce.

ENCONTRANDO A SU PERSONA DIGNA DE PAZ

Presencia evangelística

La Presencia evangelística sucede cuando usted está simplemente presente en una situación con un individuo o grupo. En realidad es muy obvio. En lugar en donde usted se encuentra justo ahora es una oportunidad para imitar a Jesús, actuar como el lo haría, hablar con él lo haría. Al actuar con amabilidad y dar aliento con sus palabras, sus ojos podrán estar abiertos a la Persona digan de Paz que está justo allí con usted. Quizás usted está en una reunión del comité y habla de manera positiva cuando todos los demás se están quejando. Después de la reunión otro miembro del comité viene hasta usted y le da las gracias por haber mantenido su espíritu positivo. Esta podría ser una Persona digna de Paz revelándose a sí misma. Usted tiene la oportunidad de compartirle por qué usted es optimista por el sólo hecho de estar presente en esa situación. Como el hombre sabio dijo: "A dondequiera que vaya, allí estará". Y cualquier sitio en donde usted esté puede ser una oportunidad para conocer a una Persona digna de Paz.

Hace algunos años, estando mi esposa Sally y yo (Mike) conduciendo nuestro viejo carro en Cambridge, mi esposa vio a alguien en la acera.

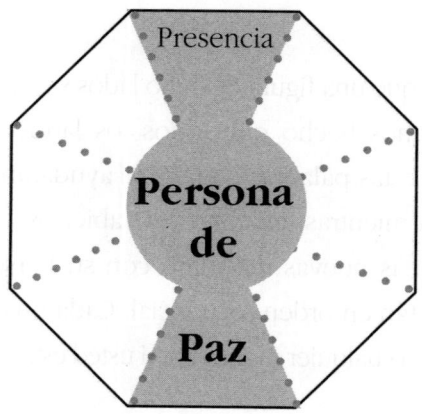

Estaba muy segura de que se trataba de alguien que ella conocía, así que nos acercamos un poco. Con seguridad se trataba de Helen, alguien a quien había conocido hace años. Le dije a Sally que saliera rápido del carro y saludara a Helen. Al principio dudó. Había pasado mucho tiempo desde la última vez que se habían visto, quizás sería algo embarazoso. "Nunca se sabe, quizás sea cosa del Señor", le dije a Sally mientras detenía el carro junto a la acera. En realidad no le di oportunidad de elegir.

Sally salió del auto y le dijo "hola" a Helen, quien la saludó como si se tratara de un héroe largamente perdido, con mucho más entusiasmo y receptividad de lo que Sally esperaba. Helen acababa de llegar a Cambridge para comenzar en un nuevo empleo en enfermería. Estaba muy agradecida de ver una cara conocida, incluso de hace tanto tiempo. Sally le explicó a Helen que estábamos en Cambridge debido a mi trabajo como pastor.

Cuando el esposo de nuestra vecina falleció, deseaba hablarle de Cristo en amor y consuelo. Me puse a su disposición y pronto tuve una nueva amiga. Como resultado de estar presente en la vida de esta mujer, se hizo más receptiva del mensaje de Jesucristo. Comencé a discipular a mi nueva amiga y comenzó a asistir a la iglesia. Hace poco me envió una nota de agradecimiento a mí y a mi esposo por haberle ayudado a crecer en la fe. Si me hubiera limitado a mi reducido grupo de amistades, hubiera perdido la oportunidad de hacer una querida nueva amiga y ayudar a dar la bienvenida a una nueva hermana en Cristo dentro de la familia de Dios.

—MARY

Helen no conocía a nadie en la ciudad. La siguiente semana fue a la iglesia. Poco después, Billy Graham vino a la ciudad con una cruzada evangelística. Helen vino con nosotros a la cruzada y como resultado se hizo cristiana.

Sally estuvo muy contenta de haber bajado del carro aquel día.

Relaciones pasajeras

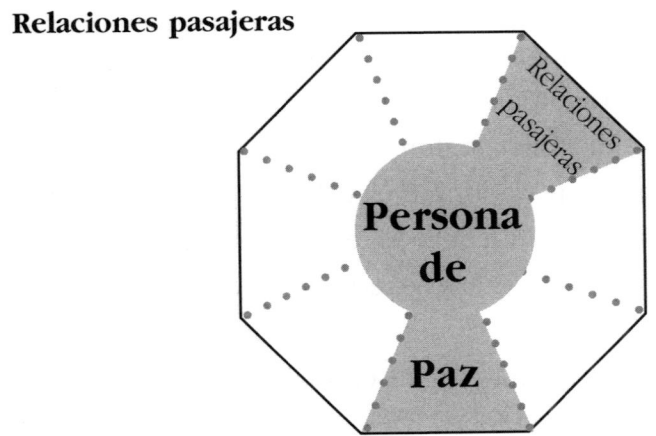

Todos tenemos relaciones pasajeras con personas que vemos sólo una o dos veces. El expendedor en la estación de gasolina. Un extraño de pie en la cola del banco. La persona que le tocó sentarse junto a usted en un vuelo. El cartero que le lleva la correspondencia. Muy posiblemente, incluso si es obvio que se trata de una Persona digna de Paz en ese momento, usted probablemente no hará que esta persona desarrolle una relación personal con Cristo en un encuentro tan breve. Sin embargo, Dios puede usarle a usted para acercar un poco más a esa persona a él. Pablo dijo que algunas personas plantan, otros riegan, y Dios da la cosecha (1 Corintios 3:6). En una relación pasajera, usted puede estar llamado a plantar la semilla o a regar lo que ya había sido plantado. Sólo porque no vea el resultado final no significa que usted no sea una parte vital del proceso.

> Usted puede estar llamado a plantar la semilla o a regar lo que ya había sido plantado.

Relaciones permanentes

Usted tiene relaciones permanentes con su familia y amigos cercanos. Si una relación pasajera es como una carrera, una relación permanente es como un maratón. Usted está con estas personas frecuentemente y por períodos largos de tiempo. Es importante que no fuerce el mensaje del evangelio en estas personas cuando ellas no estén listas para recibirlo. Puede que tenga que esperar por mucho tiempo antes de que él o ella sea una Persona digna de Paz para usted. Hasta que ese momento llegue, el corazón de esa persona puede no estar listo para escucharlo.

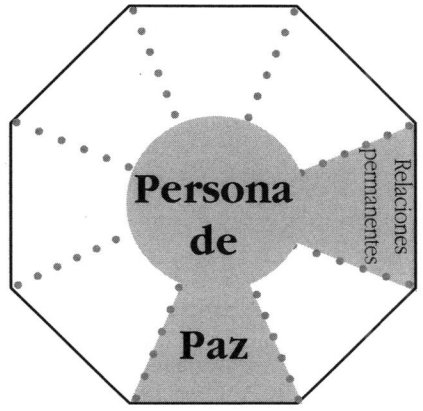

Con frecuencia pasamos los peores momentos tratando de compartir nuestra fe con aquellos más cercanos a nosotros. Quizás esto se deba en parte a nuestra impaciencia.

> Dios nunca tiene prisa y nunca llega tarde.

Deseamos tanto que ellos disfruten de la increíble vida del reino que nosotros estamos experimentando que los apuramos hacia la salvación antes de que Dios los haya preparado para escucharnos. Ore, espere y observe. Dios nunca tiene prisa y nunca llega tarde.

Proclamación

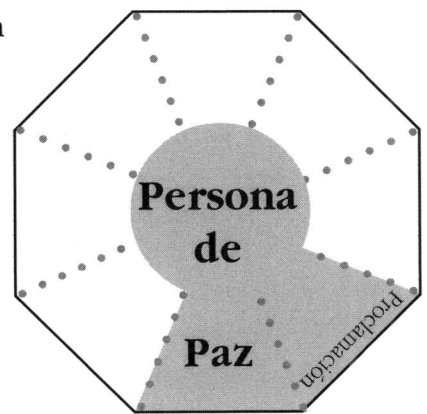

Usted no necesita ser un gran orador, pues la proclamación no es sólo para los predicadores. Tampoco necesita ser un escritor prolífico, pues la proclamación no es sólo para los escritores. Su audiencia no tiene que ser grande y nadie le pide que se pare en una esquina con una pancarta. Proclamar significa dar indicaciones externas de algo, mostrar a otros de manera abierta y pública la vida del reino.

Todos deberíamos buscar oportunidades para proclamar el evangelio a aquellos que no han creído. Es simplemente declarar el mensaje que Jesús compartió: Arrepentimiento y creer. Puede hacer esto incluso con la persona con la cual esté hablando. Al pronunciar una palabra amable testificando de la obra de Cristo en su vida, usted puede usar la proclamación para identificar a una Persona digna de Paz. ¿Parece responder la persona a lo que usted está diciendo? Inicie una relación con esa persona, o conéctela con otros que puedan caminar con la Persona digna de Paz en las etapas iniciales del discipulado. Esto es lo que significa en realidad el evangelismo: invitar a una persona a andar por el camino de la fe, no sólo a hacer una oración.

Preparación

La preparación es similar al cultivo de la tierra y la siembra antes de la cosecha. Sus palabras removerán el suelo de la persona. Alguien más vendrá y, percibiendo una oportunidad con una Persona digna de Paz, removerá la tierra nuevamente. A la siguiente semana, el suelo será removido una vez más.

Luego llega otro creyente y planta la semilla. Otros pocos más vienen y riegan la semilla. Ninguno de estos trabajadores particulares ven lo que otros han hecho, y quizás ninguno de ellos esté para el tiempo de la cosecha. Sin embargo, todos ellos han tenido parte en la formación de un discípulo.

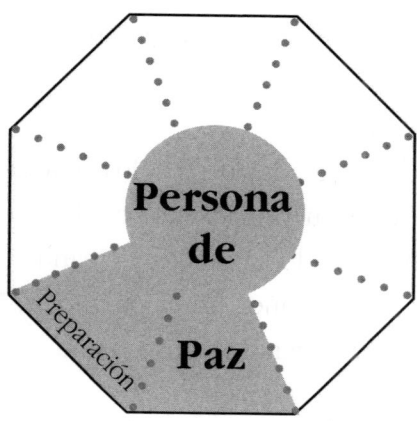

Chris estaba envuelto en el equipo de un ministerio juvenil y buscaba formas de fortalecer a la juventud cristiana con la cual trabajaba para alcanzar a sus amigos no cristianos. Comenzaron así un juego informal de fútbol. Tan sólo se reunían después de la escuela, pateaban el balón

Conocí a Kemi cuando teníamos unos 18 años de edad. Yo era cristiana, peor no muy cercana a Dios en esa época de mi vida. Cuando me comprometí de nuevo con mi fe, Kemi pensó que me había vuelto loca. Éramos mejores amigas, hablábamos de hombres, del trabajo, la familia, de la vida en general, pero Dios era un tema sobre el que no podíamos hablar. Aun así Kemi y yo seguimos siendo amigas cercanas los siguientes cinco años aproximadamente, incluso cuando vivimos en diferentes ciudades. ¡Gracias a Dios por el teléfono y el correo electrónico!

A medida que los años pasaban, seguí siendo yo misma con Kemi, queriéndola y disfrutando de su amistad. Un día, Kemi me llamó y me dijo: "Dímelo todo. Necesito saberlo ahora mismo". Kemi había conocido a otros cristianos cuyas vidas habían sido radicalmente cambiadas por su fe, y está muy impresionada. Ella me dijo: "Es como si fuera caminando por la calle y de pronto escucho a alguien decir mi nombre. No estoy donde debería estar, pero no quiero estar en donde he estado". No cabía en mí de la felicidad. Después de todo este tiempo, la semilla había crecido y Kemi estaba lista.

—*KATIE*

y se divertían. Los chicos cristianos comenzaron a invitar a sus amigos no cristianos, y pronto 30 chicos se reunían cada semana después de la escuela para jugar fútbol.

Esta fue una manera agradable para los muchachos cristianos de alcanzar a otros. No estaban predicando; estaban jugando fútbol. Sin embargo, estaban construyendo amistades y creando un clima en el cual fuera seguro para los no cristianos hacer preguntas. Y las hicieron. Un chico se sintió lo suficientemente curioso como para ir a la iglesia y pronto se hizo cristiano.

Chris y los otros líderes decidieron llevar a cabo un programa que permitiera a los chicos explorar interrogantes relacionadas con la fe y aprender quién es Jesús. Invitaron a todos los chicos con los cuales habían estado jugando fútbol y ellos trajeron también a sus amigos. Cerca de 40 adolescentes se involucraron en este programa. En las siguientes semanas, 12 de ellos se hicieron cristianos.

Unos meses después, Chris creó un equipo regular de fútbol formado por chicos cristianos y sus amigos no cristianos y se unieron a una liga local. Este equipo, a su vez, formó un grupo pequeño donde otros adolescentes pueden hablar sobre lo que significa seguir a Cristo.

Chris preparó el suelo hasta que estuvo listo para la siembra, luego lo regó pacientemente hasta que la planta creció. Finalmente, llegó la cosecha

Poder

Jesús usó con frecuencia el poder de Dios manifestado en milagros para revelar a la Persona digna de Paz. Orar por el enfermo y ver una curación milagrosa puede revelar a una Persona digna de Paz. Esta persona puede ser aquella por la que estuvo orando, o puede ser alguien viendo parado a un lado como observador. Nuestro Dios es un Dios maravilloso. Él hará cosas para crear asombro en aquellos que deben aun rendir su corazón a él.

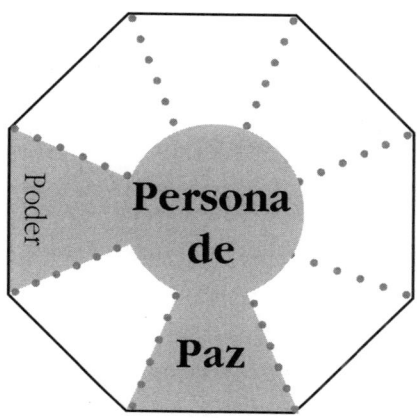

Marlene estaba ayudando un sábado en la noche en un servicio evangelístico. Era la primera vez que Marlene lo hacía y estaba nerviosa. Nunca había guiado a nadie al Señor. Una mujer pasó al frente pidiendo oración por sanidad de un severo dolor artrítico. Mientras Marlene oraba con la mujer pidiendo liberación del dolor, la mujer levantó la mirada y dijo, "Tengo una confesión". Marlene no estaba segura de qué pensar, así que sólo dejó que la mujer continuara hablando. Claramente tenía algo en su mente que quería expresar. Aunque su familia pensaba que ella era cristiana, se consideraba a sí misma como agnóstica.

En realidad la mujer no sabía lo que creía ella misma acerca de Dios. Marlene habló con ella y la mujer respondió, pidiendo perdón al Señor en oración. Cuando terminaron de orar juntas, el dolor de la mujer se había ido, sin más. Había sido poderosamente sanada en el momento del perdón. Ella había llegado a aquel servicio herida y perdida, y se había ido hallada y sanada.

Nosotros no hacemos estos milagros, tampoco podemos empacar a Dios y manipularlo cuando y donde queramos que ocurran los milagros. Todo lo que podemos hacer es estar listos para cuando ellos ocurran. La Persona digna de Paz puede ser revelada en cualquier momento y deberíamos estar listos para ese momento.

Percepción

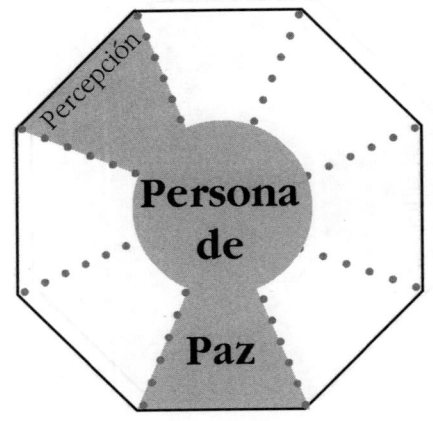

Suponga que usted se encuentra en una situación de presencia evangelística mientras está jugando golf con otras tres personas que acaba de conocer. Cuando completan su vuelta y estrechan las manos después del hoyo dieciocho, se pregunta a sí mismo "¿Cuál será la temperatura del 'suelo'? ¿Será caliente, tibia o fría?" Si la temperatura es fría –ninguno muestra signo alguno de estar abierto para compartir las Buenas Nuevas con ellos— váyase a otro sitio. Sacuda el polvo de sus zapatos deportivos y deséeles lo mejor. Pero si siente alguna calidez en el suelo, trate de establecer una relación con esa persona. Él o ella podría ser una Persona digna de Paz.

Las percepciones pueden ser falsas y engañosas. Esta es la razón por la que debe estar constantemente en contacto con el Espíritu Santo al tratar de discernir si tal o cual individuo es una Persona digna de Paz. El punto de este principio es estar abierto a la observación, volverse crecientemente conciente de cuando el Espíritu Santo le guía y comprender cómo responder cuando se hace conciente de ello.

EL EVANGELISTA MÁS GRANDE DE TODOS LOS TIEMPOS

Hemos dicho más de una vez que Jesús fue el hombre más sabio que jamás haya vivido, así como el mejor líder y maestro de todos. Por lo tanto es perfectamente lógico que haya sido también el mejor de todos los evangelistas. En su libro *Permission Evangelism*, Michael Simpson estudia la interacción de Jesús con el joven rico (Marcos 10), resumiéndola de la siguiente forma:

> Cristo estaba evangelizando, aunque ciertamente no luce como el estilo que la mayoría de la gente seguiría hoy en día. A pesar de que dice que Jesús lo amaba, se detuvo allí y dejo que el joven se fuera. ¿Por qué no lo siguió Cristo cuando se alejaba? ¿Por qué no insistió más cuando el hombre parecía estar tan interesado? ¿Por qué Jesús no lo "salvó" antes de tratar esa área de su vida tan difícil [su riqueza]?
>
> Cristo no corrió tras el joven rico porque sabía que el corazón del joven no estaba listo. Jesús lo sabía y lo dejó alejarse. Jesús jamás corrió tras de nadie. En lugar de ello, se hizo a sí mismo disponible para aquellos que buscaban sinceramente el Camino de Dios, la Verdad de Dios y la Vida en Dios.*

LifeShapes trata sobre aprender lo que Jesús hace y luego hacer lo mismo en nuestras vidas. Jesús nunca trató de abrir puertas a la fuerza, él buscó a aquellas personas que ya tenían sus puertas abiertas, y luego entró en su mundo con su llamado radical y cambiador de vida para seguirle. Si así fue como Jesús compartió el evangelio, ¿por qué hacerlo diferente nosotros?

La Persona digna de Paz es alguien a quien Dios ya ha preparado para el momento y circunstancias específicas en las cuales usted le conocerá. Noe s bueno tratar de abrir a la fuerza las puertas que Dios aun

---

* MICHAEL SIMPSON, PERMISSION EVANGELISM (COLORADO SPRINGS: COOK COMMUNICATIONS MINISTRIES 2003), 51.

no ha abierto, y no debemos dejarnos distraer para no obviar las puertas ya abiertas. Esto es en realidad una muy buena noticia. Incluso en la tarea que nos fue encomendada –ir y hacer discípulos—Dios hace la mayor parte del trabajo. Nuestro trabajo principal es ir por la vida con los ojos abiertos y los oídos atentos al Espíritu Santo cuando nos revele a la Persona digna de Paz.

Capítulo 25

¿Y Ahora Qué?

Un círculo de arrepentimiento y fe.
Un semicírculo de descanso y trabajo.
Un triángulo de relaciones.
Un cuadrado de prioridades.
Un pentágono de ministerio.
Un hexágono de oración.
Un heptágono de vida.
Un octágono de paz.

Ocho figuras. Esperamos que usted vea estas figuras alrededor suyo en su vida diaria, y esperamos también que jamás vuelva a ver ninguna de estas figuras sin pensar en el significado de ellas en su vida de discipulado.

¿Le estamos pidiendo acaso que haga malabarismos para mantener girando en el aire las ocho figuras sin que ninguna de ellas caiga al piso? Claro que no.

Las personas se sienten atraídas a algunas figuras en particular por diferentes razones: relaciones personales, circunstancias laborales, una etapa de la vida, personalidad y una docena de cosas más. Usted puede decidir que para usted este tiempo es el correcto para desarrollar el

Triángulo en su vida, enfocándose en las relaciones Arriba, dentro y Fuera. Puede decidir también tomar las palabras familiares del Padrenuestro, que quizás usted ha estado repitiendo toda su vida, y descubrir lo que realmente significan para su vida de fe. Puede hallarse a usted mismo en una situación en la que esté rodeadote personas dignas de paz, y usted sabe que es el tiempo de poner en práctica estos principios. Ya sea dentro de semanas, meses o años usted podrá sentir a Dios tirando de usted para que preste atención a otra figura. Deje que el Espíritu haga su trabajo en usted y a través de usted. Mire al Maestro. Sígale.

"No Sé Que Hay Allá"

CJ es una adolescente muy sociable a quien da gusto observar cuando cuida a niños pequeños. Sin embargo, no le gustan las cosas nuevas. Tiene un reducido círculo de amistades y está perfectamente contenta con ello. Cuando se le propone hacer algo que no haya hecho antes, incluso ir tan sólo a un nuevo restaurante, enseguida sale con un montón de razones de el porqué sería una mala idea. Sus madre algunas veces tiene que insistir. Conoce a su hija lo suficientemente bien como para sugerirle actividades que está bastante segura su hija disfrutará, si tan sólo las prueba. La mayoría de las veces, CJ se alegra de haber tenido la nueva experiencia. Ha encontrado algo más que disfrutar, pero para CJ tomar ese primer paso es horriblemente atemorizante.

¿Cuántos de nosotros actuamos de la misma forma en nuestra vida de fe? Deseamos seguir a Jesús, pero de la manera que ya conocemos, sabiendo lo que se supone debe pasar luego y cómo se sentirá todo. Somos tímidos en lo que se refiere a nuevas cosas, y Jesús definitivamente los lleva a nuevos territorios. Podemos confiar en que Jesús nos lleve a lugares que él sabe son buenos para nosotros.

"Deja Que Esté Listo Primero"

Una mujer dijo: "Cuando me siento en mi escritorio, paso más casi toda la mañana organizándome que trabajando en realidad". Ella no es la única.

No hagamos al discipulado más complicado de lo que en realidad es. Para llegar a ser un verdadero buen cristiano, actuamos como si cada día debiéramos mantener un nivel mínimo de actividades cristianas, un cierto número de horas de estudio bíblico y oración. Para ser un discípulo de verdad, nos decimos a nosotros mismos que debemos trazar metas y planes para llegar a ellas, como si nuestra formación espiritual pudiera ser conseguida con un buen curso de gestión.

> Podemos confiar en que Jesús nos lleve a lugares que él sabe son buenos para nosotros.

En este contexto, las ocho figuras no lucen nada mal, pero todo se reduce en realidad a un punto: aprender del Maestro. Observar lo que Jesús hizo. Observar lo que Jesús dijo. Luego, hacerlo. El Espíritu le ayudará a saber el paso a tomar cada día. Recuerde, un discípulo es un *aprendiz*, no un maestro, no es un experto y tampoco un profesional. Esté listo para seguir aprendiendo en lugar de concentrarse en el destino, pero ese día jamás llegará. Si usted emplea todo su tiempo y energía en prepararse para ser un discípulo serio, no le quedará tiempo para ser de hecho, un discípulo.

"Pero Yo No Puedo Hacer Eso"

"Señor, yo creo en ti, pero por favor no me mandes a África". Nos reímos cuando escuchamos esto, porque el sentimiento nos es curiosamente familiar. Tememos que ser un discípulo apasionado por el reino de Dios signifique desarraigar nuestras vidas para hacer algo en lo que somos muy buenos. Después de todo, ¿no tuvieron los discípulos que dejar sus redes de pescar para seguir a Jesús? Lea esta historia de nuevo. "Síganme, y los haré pescadores de hombres". Jesús transformó a hombres que pescaban peces en hombres que pescaban a otras personas. En otras palabras, los aceptó tal como eran y usó sus habilidades para bien del reino. Él no les dijo: "Dejen sus redes. Ahora serán carpinteros porque ese es el oficio que yo aprendí". Jesús no pidió a los discípulos que fueran algo que no eran. Al contrario, les pidió ser todo aquello que Dios había destino para ellos. Jesús les pidió que salieran fuera de sus zonas de comodidad en la fe. Quería que captaran la visión del reino y se emocionaran en hacer su parte.

Seguir a Jesús no significa que una persona tímida de repente se va a transformar en un orador público en una campaña evangelística. Usted no tiene que registrarse automáticamente para ser misionero en alguna isla olvidada. Ni siquiera significa que usted tenga que estar en un "ministerio a tiempo completo". Dios lo creó a usted y él es el único que sabe cómo lo va a utilizar para propagar las Buenas Nuevas. No se preocupe tanto por sí tendrá o no que ir a África que llegué a desapercibir el llamado que en realidad tiene Dios para usted hoy. Quizás él sólo quiera que vaya más allá de la cerca de atrás para encontrar la Persona digna de Paz que ha preparado para usted.

"NECESITO SACAR TIEMPO"

Suspiramos al ver nuestro calendario lleno de anotaciones en cada cuadrito y nos preguntamos cuándo será que tendremos tiempo para dedicarnos a esto del discipulado, ¿no es cierto?

Recuerde, somos *seres* humanos, no *hacedores* humanos. Seguir a Jesús tiene que ver con *ser* como él. El discipulado no es un compartimiento de nuestras vidas, ¡lo es todo! Somos seres integrales. No separamos nuestras actividades o tiempo religioso para practicar ser discípulos. Jesús nos llamó a seguirlo con nuestras vidas por completo. Esto significa discipulado cuando estamos lavando la ropa, recogiendo a los niños en el colegio, en una reunión de negocios, cuando estamos en la peluquería, sirviendo la comida en la mesa, o recogiendo las hojas del jardín. El discipulado en cada momento. El discipulado apasionado.

"No Sé Por Dónde Comenzar"

¿Cómo comienza usted una caminata?

Usted decide que le gustaría dar una caminata. Comienza con una decisión. Esta puede estar motivada por una excesivamente generosa comida en un día de descanso, el sentido de culpabilidad por una vida sedentaria, una mascota impaciente, o la oportunidad de estar a solas consigo mismo por unos cuantos minutos. Sea cual sea la razón, usted decide dar una caminata. Tendrá quizás que buscar sus zapatos deportivos, sacar una chaqueta del closet, pero muy probablemente usted simplemente lleve a cabo su decisión saliendo por la puerta. Quizás salude a los vecinos, o camine por una calle por la que usualmente no transita. Mira alrededor las viviendas y nota que una de ellas tiene un letrero de "Se Vende" que no estaba allí la semana pasada. Usted sigue caminando.

Así que, ¿cómo comienza usted su caminata de fe?

Usted decide dar una caminata con Jesús. Averigua hacia donde se dirige Jesús y usted desea ir allí con él. Si le inquieta pasar por un vecindario desconocido, no se preocupe. Jesús conoce el camino. Si se toma con personas que usted no conoce, no se preocupe. Jesús sabe qué decir. Si ve algo que jamás había visto antes, no se preocupe, Jesús le puede ayudar a entender.

UNA VIDA APASIONADA

Sin duda alguna puede añadir a su lista sus propias razones personales para evitar el discipulado. Sin embargo, usted está leyendo este libro, así que sí está buscando el discipulado y no evitándolo. Ese es el punto de inicio.

LifeShapes no es un programa de ocho pasos para alcanzar la madurez espiritual. No es un programa "garantizado o le devolvemos su dinero". Simplemente es un conjunto de ayudas visuales de las cosas que Jesús quiere que aprendamos a medida que caminamos con él. Todos pueden utilizar estas ayudas visuales. Sólo hay que tomar lápiz y papel para comenzar.

Trace un par de figuras en la parte superior de su calendario cada día, de manera que las vea repetidamente y se recuerde de lo que Jesús enseñó.

Dibuje figuras en papel de notas y colóquelas por toda la casa.

Trate de ver estas figuras en los asuntos diarios que le rodean. El hoyo en un campo de golf. El techo de forma triangular. Las señales de tránsito. Un árbol con siete ramas. Un bloc de notas. Un juguete infantil. Un patrón en el diseño de su suéter.

Jesús nos llama a desarrollar un discipulado apasionado. Usted es apasionado sobre algo que le interesa profundamente, algo que provoca emociones profundas en usted, algo que le toca directo en el corazón.

Una caminata apasionada con Jesús.

Una fe apasionada que impregna todo lo que hace.

Una energía apasionada por el reino de Dios.

Una convicción apasionada por ministrar a aquellos alrededor suyo.

Una búsqueda apasionada por otros listos para conocer a Jesús.

Una vida apasionada.